Neue
Kleine Bibliothek 219

Sebastian Chwala

Der Front National

Geschichte, Programm,
Politik und Wähler

PapyRossa Verlag

© 2015 by PapyRossa Verlags GmbH & Co. KG, Köln
Luxemburger Str. 202, 50937 Köln
Tel.:   +49 (0) 221 – 44 85 45
Fax: +49 (0) 221 – 44 43 05
E-Mail: mail@papyrossa.de
Internet: www.papyrossa.de

Alle Rechte vorbehalten

Umschlag: Verlag, unter Verwendung eines
          Motivs von Enrico Beruccioli, Urbino/Italien
Druck: Interpress

Die Deutsche Nationalbibliothek verzeichnet diese Publikation in
der Deutschen Nationalbibliografie; detaillierte bibliografische
Daten sind im Internet über http://dnb.d-nb.de abrufbar

ISBN 978-3-89438-592-7

Inhalt

1. **Einleitung** — 7

2. **Zur Geschichte der Ultrarechten in Frankreich**
   2.1 Das französische Kleinbürgertum – Basis der Ultrarechten — 13
   2.2 Der Vorabend des Boulangismus – Die Große Krise — 17
   2.3 Die »Boulangismus-Krise« und die Folgen — 19
   2.4 Déroulède, Barrès und der Organische Nationalismus — 22
   2.5 Die nationalistische Rechte zwischen 1900 und 1945 — 26
   2.6 Die Ultrarechte im Nachkriegsfrankreich (1945–1968) — 40

3. **Geschichte, Akteure und Programmatik des Front National**
   3.1 Zur Gründungsgeschichte des »Front National« — 46
   3.2 Die Strömungen innerhalb des FN — 48
   3.3 Die programmatischen Eckpunkte der Partei (1972–1998) — 57
   3.4 Der Front National 1998–2015 — 70

4. **Zur Soziologie des Front National**
   4.1 Die Verwurzelung und Konsolidierung des FN aus wahlsoziologischer Sicht (1983–2015) — 88
   4.2 Der Nationalpopulismus des FN — 101
   4.3 Die Alternativen der (linken) Linken – Ein Rückzug ins »Nationale«? — 105
   4.4 Die Arbeiter und der FN – eine natürliche Allianz? — 108
   4.5 Der FN und die Mittelschichten — 121

5. **Schlussfolgerungen** — 131

Literatur — 138

1.
Einleitung

Spätestens seit Marine Le Pen bei der französischen Präsidentschaftswahl im April 2012 17,9 Prozent erreichte und der Front National (FN) dieses Ergebnis bei den Europawahlen 2014 auf 25 Prozent steigern konnte, ist dieser auch über Frankreichs Grenzen hinaus wieder in aller Munde. Doch aus der politischen Landschaft Frankreichs ist diese Partei aus der ultrarechten Ecke schon seit den 1980er Jahren nicht mehr wegzudenken. Auch wenn sie aufgrund des Wahlrechts, das auf dem Mehrheitsprinzip beruht, über relativ wenige Abgeordnete in den verschiedenen parlamentarischen Gremien sowohl auf nationaler als auch regionaler bzw. kommunaler Ebene verfügt.

Ebenso lang dauert die Debatte zwischen Historikern, Sozialwissenschaftlern und Journalisten, worauf der Erfolg des Front National beruhen könnte, und sie erreichte in den 1990ern ihren ersten Höhepunkt (Davies 1999: 6f.). Zentrales Ziel der Debatte war und ist es, den Diskurs des FN moralisch anzugreifen. Dessen »geschlossener Nationalismus« und Rassismus sei der liberalen und republikanischen französischen Tradition fremd, so heißt es. Die Geschichte der radikalen Rechten wurde und wird als ein ideengeschichtliches Konglomerat dargestellt, dessen »antiliberale Substanz« von »konterrevolutionären«, antirepublikanischen und faschistischen Intellektuellen ausgearbeitet worden sei, auch wenn inzwischen längst klar wurde, dass der FN die »formale Demokratie nicht beseitigen wird«. So wird über den FN in der Regel im liberalen Establishment und in Reihen des bildungsbürgerlich geprägten, aber altersmäßig eher jungen Antifa-Milieus diskutiert (Dion 2015: 111f.). Die generelle Darstellung des

FN als »faschistisch« ist nicht nur eine in erster Linie moralische Abwertung. Sie wird auch der gesellschaftlichen Komplexität des Erfolges des FN nicht gerecht.

Ein weiterer Ansatz betont, dass die Ideologie der radikalen Rechten einen irrationalen Charakter besäße und ihre grundlegenden ideentheoretischen Bausteine eine eher nebulöse Entstehungsgeschichte hätten. So sei der Zuspruch für die radikale Rechte in erster Linie ein Ergebnis von Unvernunft und einer gegen die Moderne gerichteten Verweigerungshaltung, die besonders in gesellschaftlichen Krisenmomenten auftrete (Winock 1993a: 9f.). Diese scheinbare Unerklärbarkeit des Erfolges des Front National führte dazu, dass man die FN-Wahl gerne zu einem psychologischen Problem verklären wollte. So sei der eigentliche Grund für das Anwachsen des FN, dass er durch seinen charismatischen Führer Jean-Marie Le Pen diese Unzufriedenheit habe kanalisieren können, indem jener eine »Gemeinschaft der Enttäuschten« über Klassengrenzen hinweg konstruiert habe. Der FN werde aus diesem Grund nicht konkreter Inhalte wegen gewählt, sondern aus Enttäuschung über die politischen Eliten. Er sei eine Anti-Partei, die von der Unzufriedenheit der Gesellschaft gespeist werde (Lecœur 2003). Demzufolge seien sowohl die Geschichte wie das aktuelle Anwachsen der Ultrarechten in Frankreich vor allen Dingen ein Hinweis auf die Desillusionierung der Menschen über das herrschende Parteiensystem. Eine Stimme für den FN sei somit eine Stimme gegen die repräsentative Demokratie (Goodliffe 2012: 6).

Dies sei aber kein neues Phänomen, denn schließlich vertrete die radikale Rechte seit dem Ende des 19. Jahrhunderts einen »plebejischen Nationalismus«, der sich vor allem an die von den sozialen Krisen besonders betroffenen Unterklassen wende. Die Thematisierung der Sozialen Frage durch die politischen Führer der Rechtsaußenbewegungen versöhne selbige mit dem Nationalismus (Crépon 2012: 28). Da »faschistoider Nationalismus« und »Marxismus« beide die gleiche Grundintention hätten, nämlich die Überwindung der »Alten Ordnung« und das Verlangen nach »gesellschaftlichen Reformen«, sei es auch nur logisch, dass der gemeinsame Hass auf die »bürgerlich kapitalistische Republik« nicht nur zu einer Zusammenarbeit beider

1. EINLEITUNG

Gruppen geführt habe. Tatsächlich sei ein großer Teil »rechter Köpfe« von links und somit aus der »jungen« Arbeiterbewegung gekommen (Sternhell 1987: 30). Der französische Faschismus sei so eigentlich ein linkes Produkt. Die These einer »rechten Linken« wurde sofort auf die real existierende linke Arbeiterklasse übertragen, der man unterstellte, durch die »Sozialisation im PCF oder in der CGT« die gleichen »autoritären« und »anti-pluralen« Einstellungen zu besitzen, wie sie vom Front National vertreten werden. So wurden diese Arbeiter zur »natürlichen« Basis des FN erklärt, der ihre »Leiden thematisiere«, und nicht die »(gebildeten und wohlhabenden) bürgerlichen Haushalte« (Collovald 2004: 185). Die Literatur betont deshalb pflichtgemäß seit den 1990ern, spätestens aber seit den 2000er Jahren, diese »sozialpolitische Wende« in der Rhetorik der Le Pens (Vater und Tochter) des FN gefunden zu haben (Ivaldi 2012: 107).

Dieser Diskurs durchzieht aber auch Teile der akademischen Linken. So wird auch hier eine direkte Linie zwischen den Auswirkungen des neoliberalen Umbaus und der damit einhergehenden Deindustrialisierungspolitik gezogen, um die vermeintliche Attraktivität des FN für die Arbeiterschaft zu erklären. So sei es neben der Schwächung des PCF und der Gewerkschaften durch die steigende Arbeitslosigkeit, die zum Verlust des direkten Einflusses auf die Arbeiterklasse geführt habe, auch noch zu einer Verlagerung des politischen Schwerpunktes seitens der regierenden Sozialdemokraten weg von der Welt der Arbeit hin zur Migrationsdebatte gekommen. Damit sei der Eindruck entstanden, die Migranten, und nicht die prekarisierten Arbeiter, seien die wahren Ausgeschlossenen. Dieses sich Abwenden von der Arbeitswelt durch die Linken habe innerhalb des Arbeitermilieus zu einer massiven Enttäuschung geführt, weshalb aus Protest über den immer weiter fortlaufenden sozialen Abstieg die Wahl des FN erfolge (Beaud/Pialoux 2012: 453).

Hier sei angemerkt, dass selbst Beaud und Pialoux in ihrer Studie über die Arbeiter von Peugeot in Sochaux, aus der die oben formulierte These stammt, keinen wirklichen Hinweis darauf liefern, dass Industriearbeiter besonders anfällig für die Propaganda des FN wären. Trotzdem gehen auch diese beiden Soziologen unkritisch von dem angeblichen

Fakt aus, dass Unvernunft und Protest die Hauptgründe dafür sind, dass der Front National prosperiert. Allerdings weist Gabriel Goodliffe darauf hin, dass die radikale Rechte ein »kohärentes Programm« habe, dass eine »ideologische Attraktivität für gewisse soziale Gruppen oder Klassen verfüge«. Dem würde in der französischen Debatte allerdings oftmals wenig Aufmerksamkeit geschenkt (Goodliffe 2012: 8).

Da diese Debatte über eine rationale, wenn auch widersprüchliche Zustimmung zum FN nicht wirklich geführt wird, stehen auch die eigentlichen Träger faschistoider Bewegungen der Vergangenheit, die »ökonomisch gesicherten Mittelschichten«, nicht im Zentrum der Debatte. Dies könnte natürlich daran liegen, dass für Frankreich tatsächlich kein großer Zuspruch aus der Mitte der Gesellschaft für Rechtsaußen nachweisbar ist. Viel wahrscheinlicher ist allerdings, dass die Verweigerung einer unvoreingenommenen Forschungsarbeit zur sozialen Basis des FN derartige Hinweise, die es tatsächlich sowohl in der Geschichte der radikalen Rechten als auch in der Gegenwart gibt, eine derartige Diskussion nicht in Gang kommen lässt.

So wird oftmals ein Bild gerade des Front National konstruiert, das mit der Wirklichkeit nicht viel gemein hat. Es gehört nämlich auch zur Wahrheit, darauf hinzuweisen, dass ein Großteil der empirischen Forschungsarbeiten, auf denen die ständig wiederholte These vom generellen Rechtsruck der Arbeiterklasse beruht, ihre Existenz der Arbeit antikommunistischer, neokonservativer Milieus innerhalb der nordamerikanischen Sozialwissenschaft verdankt, die in der Folge nach Europa durchsickerten (Agrikoliansky/Collovald 2014: 14). Diese Fraktion um Seymour Martin Lipset betrachtete das US-amerikanische politische System als Referenzpunkt für alle anderen demokratischen Systeme, und sah deshalb ihre Hauptaufgabe darin, während des Kalten Krieges der (sozialistisch orientierten) Arbeiterklasse ihre »Vorliebe für den starken Führer« nachzuweisen. Den Arbeitermilieus Fremdenfeindlichkeit, Rassismus und sogar Chauvinismus zu unterstellen, gehört seitdem zum Standardrepertoire vieler Soziologen und Politikwissenschaftler (Bréchet 2012a: 42). Gesellschaftspolitisches Leitbild für diese sozialwissenschaftlichen Milieus wurden die Ideale der amerikanischen Mittelschicht: Pragmatismus, Reformismus und Überwin-

1. EINLEITUNG

dung der Thematisierung der Klassenfrage. Denn nur die amerikanische Mittelklasse mit ihrem Drang nach Gleichheit und Demokratie sei immun gegen Faschismus und Totalitarismus (Guilhot 2006). Dass sich der FN heute in der Öffentlichkeit somit als »Partei des Volkes« präsentieren kann, liegt also viel weniger an ihm selber, als an den Wissenschaftlern und Medien, die der Partei dieses Image verliehen haben (Le Bohec 2005: 96).

Dieses Buch möchte dieses vorherrschende Bild von der Ultrarechten in Frankreich in Frage stellen. Das soll in drei Kapiteln erfolgen. Zuerst einmal wird überblicksartig die Geschichte der ultrarechten Bewegungen dargestellt. Dies soll aber in erster Linie nicht als abstrakte Ideologiekritik erfolgen, sondern Ziel ist es, konkret herauszuarbeiten, welche sozialen Akteure und welche ökonomischen Rahmenbedingungen die Herausbildung der ultrarechten Traditionslinie begünstigten, und darzulegen, welche Rolle dabei insbesondere die traditionellen Mittelschichten spielten. Dabei wird deutlich, dass die Geburt der radikalen Rechten eine Reaktion auf die sich verändernden ökonomischen, sozialen und politischen Rahmenbedingungen war, von denen vor allen Dingen das Kleinbürgertum als dominierende ökonomische Gruppe betroffen war. Verstärkt wurden diese Einstellungen durch einen allgegenwärtigen Pessimismus in Frankreich, der auf die Kriegsniederlage gegen Deutschland und die ökonomische Depression seit den 1880er Jahren folgte. Der Liberalismus und die Demokratie schienen zu schwach, Frankreich im Konzert der großen Nationen zu halten. Der Wunsch nach einer starken Nation, die alle gegenwärtigen und zukünftigen Bedrohungen von außen abwehren könnte, entstand.

Anschließend soll dargelegt werden, inwieweit sich in der Programmatik des FN die Fortsetzung der Ideen der Vorläuferorganisationen widerspiegelt. So sind die zentralen Aspekte der radikalen Rechten, nämlich die Bewahrung von »Blut, Geschichte und Kultur« als Basis einer »starken und autonomen Nation«, weiterhin zentraler Bezugspunkt im Denken des FN. Im Denken und Handeln dieser Partei richtet sich alles daran aus, wie die ständig gefährdete Position Frankreichs in der Welt gestärkt werden kann. Alle gesellschaftlichen und ökonomischen Lebensbereiche sind deshalb der »Nationalen Präferenz« oder einer

»Nationalen Priorität«, wie Marine Le Pen es formuliert, unterworfen. Ganz besonderes Augenmerk gilt dabei den Kleineigentümern, die als traditionelle Basis der französischen Gesellschaft gesehen werden. Es soll aber auch die immer wieder im Raum stehende Behauptung widerlegt werden, dass der Front National eine Partei sei, die die Interessen der »kleinen Leute« im Blick habe und ein dem Neoliberalismus entgegengesetzte Programmatik vertrete. Der FN als selbsterklärte Partei der kleinen Unternehmer vertritt nämlich in keiner Weise die Auffassung, dass die ökonomische Krisensituation, die Frankreich durchlebt, durch eine gerechtere Verteilung der Vermögen oder gar durch gesellschaftliche Solidarität gelöst werden könnte. Im Gegenteil, für den FN ist der Weg aus der Armut ein Ergebnis des individuellen sozialen Aufstiegs, der durch das eigene Talent und durch die eigenen Fähigkeiten ermöglicht wird. Dieser Schritt muss von der Politik ermöglicht werden, meinen die Anhänger des Front National.

Daran anschließend befasst sich das letzte Kapitel mit der Frage, was sich jenseits von Mutmaßungen tatsächlich zur sozialen Basis des FN sagen lässt. Das soll anhand ethnologischer und empirischer Forschungsergebnisse geschehen. Diese sollen die potenziellen Wähler des FN charakterisieren und ihre Beweggründe untersuchen. Dabei zeigt sich relativ schnell, dass die sozialen Verlierer, entgegen der gängigen Annahmen, nicht die zentrale Wählergruppe des FN sind. Vielmehr wird deutlich, dass der FN seine Stimmen von Menschen erhält, die seiner nationalliberalen Programmatik zustimmen. Es handelt sich um Fraktionen der Mittelschichten, die im sozialen Aufstieg begriffen sind – und nicht im Abstieg.

Diese »Milieus« lassen sich auch in den größten regionalen Hochburgen des FN antreffen. Der Glaube an die eigene Leistungsfähigkeit, verbunden mit der Angst vor dem sozialen Abstieg, bewirkt, dass sich diese Menschen in den Diskursen einer Partei wiederfinden, die einerseits einen deregulierten Kapitalismus fordert, aber andererseits dessen Auswirkungen, die »absolute Konkurrenz«, fürchtet. Es handelt sich daher eher um eine Krise des Ideals des »starken Individuums«, als um einen Protest gegen eine Deklassierungserfahrung, wie sich ganz am Ende des Buches zeigen wird.

2.
Zur Geschichte der Ultrarechten in Frankreich

2.1
Das französische Kleinbürgertum – Basis der Ultrarechten

Zu Beginn der 1880er Jahre schien es so, als hätte die französische Gesellschaft eine lange Zeit nicht erlebte Stabilität vor sich. Die neu entstandene Republik wollte Schluss machen mit dem ständigen Wechsel zwischen Revolution und Konterrevolution, der in den vorangegangen Jahrzehnten stattgefunden hatte (Prochasson 1993: 51). Dies geschah durch die Verabschiedung einer neuen republikanischen Verfassung im Jahr 1875, die inhaltlich als Kompromiss zwischen beiden Lagern anzusehen war. So gestand man dem monarchistischen Lager die Schaffung des Amtes des Staatspräsidenten mit starker exekutiver Macht und die Schaffung eines Senates als zweiter Parlamentskammer und als Kontrollgremium des Abgeordnetenhauses zu. Durch die starke Rolle der lokalen Eliten in diesem Gremium erhofften sich die Konservativen, die radikalen Kräfte innerhalb des republikanischen Lagers unterlaufen zu können (Passmore 2013: 43ff.). Dabei entstand eine neue politische Formation: Die »gemäßigten Republikaner («Modérés«). Diese setzten sich sowohl aus liberalen ehemaligen Monarchisten als auch aus dem rechten Lager der Republikaner zusammen. Vertreter dieses Lagers des Ausgleichs übernahmen in der Folge hohe Regierungsämter und sorgten dafür, dass die unnachgiebigen Monarchisten in die Defensive gedrängt wurden.

Die Schnelligkeit, mit der die (gemäßigten) Republikaner die politische Macht übernahmen, scheint deshalb nur auf den ersten Blick überraschend. Nachdem die Franzosen 1871 bei den Wahlen zur Nationalversammlung den Monarchisten noch eine überwältigende Mehrheit bescherten, entsandten sie 1881 nur noch 90 Monarchisten ins Parlament, die sich 451 Republikanern gegenübersahen. Reale Hoffnungen auf eine Rückkehr zu einer monarchistischen Regierungsform schienen also unwahrscheinlich (Prochasson 1993: 51).

Dennoch war die Ruhe, mit der der Regimewechsel ablief, trügerisch, wie sich später zeigen wird. Denn in den 1880er Jahren sollten Massenbewegungen die politische Bühne betreten: auf der Linken gewann nicht ohne Widersprüche der Sozialismus an Kraft (Prochasson 1993: 52).

Erst einmal schien es aber so, dass die älteste aller ultrarechten Strömungen, die klassische (monarchistische) Konterrevolution, ausgearbeitet von Intellektuellen wie de Maistre (1753–1821) und Louis de Bonald (1754–1840) ins Abseits geraten zu sein. Beide hatten in ihren Schriften das »falsche Bewusstsein« der Gleichheit und des Individualismus bekämpft, die zentrale Ideen der Aufklärung und der Französischen Revolution waren (Crépon 2012: 26). Insbesondere die Gleichheit, die jedem Menschen universale Rechte unabhängig von seiner Eigenschaft als Staatsbürger zugesteht, bedeutete in der Tat eine Gefahr für die alte aristokratische Ordnung, die strukturell ungleich war (Crépon 2012: 27). Für die Konterrevolutionäre war die Gleichheit ein künstliches Konstrukt. Dieses stand in Widerspruch zu den göttlich diktierten Naturgesetzen und drohte, die Traditionen zu verderben (Crépon 2012: 27). Das Ziel der Konterrevolutionäre bestand demzufolge darin, die alten Hierarchien wieder zu etablieren. Eine Ordnung, die zugleich als theokratisch und aristokratisch verstanden wurde und in der die Individuen gezwungen seien, sich den Grundlagen des Naturrechts zu beugen (Crépon 2012: 27).

Die vorerst siegreichen Republikaner dagegen vertraten ein anderes politisches Konzept: das einer »Eigentümerdemokratie«. Diese Idee ist auf die jakobinische Revolutionsideologie zurückzuführen. Sie war von städtischen Handwerkern und kleinen Ladenbesitzern

2. ZUR GESCHICHTE DER ULTRARECHTEN IN FRANKREICH

»kultiviert« worden. Später wurden auch die Bauern mit einbezogen. Politische Gleichheit samt Schutz des privaten Eigentums und der Unternehmensfreiheit waren das politische Ziel dieser entstehenden Mittelklasse. Der Staat sollte demzufolge nicht nur den sozialen Aufstieg durch den Erwerb von Eigentum ermöglichen, sondern auch die demokratische Teilhabe gewährleisten (Goodliffe 2012: 118).

Die wechselnden Regimes, die der neuen III. Republik vorausgingen, standen der Existenz einer breiten Schicht kleiner Eigentümer allerdings auch nicht ablehnend gegenüber. Da diese aus den Erfahrungen der französischen Revolution gelernt hatte, setzte sich eine Wirtschaftspolitik durch, die vor allem darauf bedacht war, der »Entwurzelung« der (ländlichen) Unterklassen Vorschub zu leisten, um eine neuerliche durch soziale Unruhen getragene revolutionäre Periode zu verhindern. Schon Napoléon I. hatte bei der Ausarbeitung des »Code Civil« darauf Wert gelegt, dass insbesondere das kleine Eigentum bevorzugt wurde, z. B. durch Maßnahmen wie die juristische Festschreibung der »Realteilung« unter den Erbberechtigten. Der Wunsch der Herrschenden war eine Welt kleiner unabhängiger Produzenten, die »Beibehaltung des Dritten Standes«. Man spricht deshalb in der französischen Literatur gerne vom »demokratischen Liberalismus« (Dernier 1983: 29). Man fürchtete nichts so sehr wie ein entstehendes Proletariat, das zur unkontrollierbaren Basis einer sozialen Revolution werden konnte. Ergebnis war ein »Gigantisches Paradoxon« (Noiriel). Im Gegensatz zum Rest Europas blieb Frankreich ein agrarisch geprägtes Land, in dem sich eine sogenannte »industrie rurale« herausbildete, die für etliche Jahrzehnte ökonomisch bestimmend blieb (Noiriel 2002: 61).

Zwar führte die Parzellierung des Bodens zu einer Entwicklung, die es auch Lohnarbeitern ermöglichte, sich in den Besitz kleinerer Bauernstellen zu bringen, doch reichte der Ertrag für eine rein bäuerliche Existenz nicht aus. Heimarbeit der Frauen und saisonale Wanderarbeit der Männer schlossen diese Einkommenslücke. Zwar konnte sich so kein stabiler Binnenmarkt herausbilden, da es wegen der Subsistenzwirtschaft kaum Nachfrage nach industriellen Fertigprodukten gab. Doch für die Unternehmer gab es trotzdem Vorteile:

Durch die Entstehung und Existenz flexibler, wechselnder Belegschaften kam es nicht zur Herausbildung von Klassenbewusstsein. Die bäuerlichen Arbeiter blieben individualisiert. Ein Großteil des französischen Produktionssektors verharrte in dieser Phase auf einem Niveau, das man als »protoindustriell« bezeichnen kann. Die Betriebe waren zum Großteil Manufakturen und arbeiteten wenig kapitalintensiv. Produziert wurde für den Export (Noiriel 2002: 64).

Spätestens mit der Julimonarchie entstand ein neues Ideal: das des sozialen Aufstieges, genährt durch die gute Konjunktur. Denn nur Aneignung und Vermögensbildung erlaubten es auch den Kleinbauern, aus dem Stand der unselbstständigen und politisch ausgeschlossen Lohnarbeiter in den Stand des verantwortungsvollen Bürgers aufzusteigen, dessen Grundsteuer hoch genug war, um den Zensus zu überwinden und wahlberechtigt zu werden. Individuelles Engagement sollte sich lohnen (Capdevielle 1986: 155f.).

Als sich während der 1848er Revolution die sozialen Unterschichten der Hauptstadt Paris erhoben, reagierten die kleinen Parzellenbauern entsprechend. Selbst davon überzeugt, durch eigenes, individuelles Engagement und die eigene harte Arbeit ihren sozialen Status erlangt zu haben, grenzten sie sich gegenüber der »faulen leistungsunwilligen Unterklasse« ab (Hincker 2012: 106; Schneckenburger 2012: 59). Wenn Adolph Thiers, Kopf der »Partei der Ordnung« Napoléons III., die »schrecklichen, dahinvegetierenden Menschenmassen der Städte, die dank unlauterer Mittel im Überfluss leben«, beschimpfte, so sprach er den »kleinen Eigentümern auf dem Land« aus der Seele. Denn von den Steuern der kleine Bauern und Handwerkern lebten angeblich jene städtischen »Menschenmassen«, die Thiers zufolge auch keinen Anspruch auf soziale Unterstützung habe sollten. Die (grundbesitzenden) Landbewohner seien nämlich »die wahren Menschen, die leiden, hart arbeiten und die Fehler der Masse bezahlen würden« (Schneckenburger 2012: 51f.). Die Emanzipation der entstehenden Arbeiterklasse musste unterbunden werden!

Das Zweite Kaiserreich war zwar in der Folge ein »goldenes Zeitalter« für das französische Großkapital. In diese Zeit fallen nicht zuletzt die Liberalisierung der Finanzmärkte und der Beginn der französischen Freihandelspolitik, doch lief diese Entwicklung nicht auf Kosten der kleinen Industriebetriebe ab. So profitierten diese nicht nur von Steuernachlässen und niedrigen Zinssätzen, sondern auch von Anleihen aus dem Privatvermögen des Kaisers (Gaillard 1983: 49). Das Handwerk, das zur Zeit Napoléons III. noch 70% der Arbeitskräfte beschäftigte, konnte Wachstumsraten von 22% verzeichnen. 250.000 neue Unternehmen wurden gegründet. Die Kleinunternehmer schienen ein natürlicher Bestandteil der französischen Gesellschaft zu sein (Demier 1983: 41).

Diese neuen sozialen Schichten (»couches nouvelles«) sollten nach Ansicht der gemäßigten Republikaner«, die den Großteil der neuen parlamentarischen Mehrheit ausmachten, die Basis der neuen III. Republik bilden. Ziel der Politik dieser gemäßigten Republikaner um Ferry und Gambetta war nicht die Einbeziehung der sozialen Frage in die Politik, sondern die Förderung des individuellen sozialen Aufstieges. Denn im Sinne Gambettas war »jedes Eigentum, das neu entsteht, gleichbedeutend mit der Entstehung eines neuen Staatsbürgers.« Denn, so Gambetta, »das Eigentum ist kein Feind, sondern der Ausgangspunkt der moralischen und materiellen Emanzipation des Individuums« (Goodliffe 2012: 71).

Dieses Leitbild sollte auch für die Arbeiterschaft gelten. Dazu schuf man zusätzlich ein staatlich organisiertes Bildungssystem, um »Chancengleichheit« und die Chance zum sozialen Aufstieg zu ermöglichen (Demier 1983: 43; Bosc 2008: 48). Doch dazu mussten nicht nur die Macht der großen Unternehmen, sondern auch die der Monopole eingeschränkt werden. Doch würden diese unter der Wirkungsmächtigkeit des allgemeinen Wahlrechts dahin schmelzen (Demier 1983: 48).

2.2
Der Vorabend des Boulangismus – Die Große Krise

Dieses Konzept geriet spätestens mit dem Eintritt Frankreichs in die Große Krise in Bedrängnis, denn die Wirtschaftsstrukturen, die die letzten Jahrzehnte bestimmt hatten, begannen sich aufzulösen und sich neu zu justieren. Verantwortlich war einerseits die Konkurrenzunterlegenheit der französischen Landwirtschaft und Industrie gegenüber den rationeller und billiger produzierten Fertigprodukten, die aufgrund der Freihandelspolitik ungehindert ins Land strömen konnten. Die Verbesserung der Infrastruktur durch den Eisenbahnbau ab dem Ende der 70er Jahre des 19. Jahrhunderts tat ein Übriges, dass auch die entlegensten Regionen sich dieser neuen Konkurrenz erwehren mussten. Andererseits brachte die sinkende Kaufkraft im Inland die Landwirtschaft noch zusätzlich unter Druck (Noiriel 2002: 84).

Besonders problematisch war die Entwicklung für die bereits oben erwähnten bäuerlichen Arbeiter, die nicht nur ihre Arbeitsmöglichkeiten im Manufakturwesen verloren, da diese technisch veraltet produzierenden Sektoren verschwanden. Oftmals fanden sie auch keine Arbeit in den wenigen entstanden Großunternehmen der Kohle und Stahlindustrie. Diese Unternehmen begannen in der Krise, Abstand von den flexiblen Wanderarbeitern zu nehmen, und auf eine feste, spezialisierte Arbeiterschaft zu setzten.

Die französische Ökonomie wurde kapitalistisch und die französische Arbeiterschaft Schritt für Schritt proletarisiert. Die Vielen, die keine Perspektive auf dem Land mehr hatten, wanderten in die urbanen Zentren wie Paris oder Lyon ab. Der Anteil der Stadtbevölkerung stieg von 30 Prozent im Jahr 1866 auf 42 Prozent im Jahr 1906 (Noiriel 2002: 87).

Zu Beginn der III. Republik hatte sich die kleine unabhängige Bourgeoisie also zu großen Teilen den Republikanern zugehörig gefühlt. Gambettas Ziel, mit der Aufmerksamkeit für die neuen sozialen Schichten die kleinen Eigentümer in eine Republik einzubinden, die eine schrittweise Reformpolitik durchführte, war erfolgreich gewesen. Die radikale Rhetorik, die auf der einen Seite die Bewahrung der Unabhängigkeit und die Chance zum sozialen Aufstieg betonte, auf der anderen Seite aber dem Sozialismus entsagte, entsprach deren Erwartungen an die Politik. Doch die Auswirkungen der Wirtschaftskrise und die Entstehung der Arbeiterbewegung sollten dieses Bündnis ins Wanken bringen (Bosc 2008: 48).

2.3
Die »Boulangismus-Krise« und die Folgen

Die Unzufriedenheit über die Zustände in der neuen Republik wurde bei der Parlamentswahl 1885 zum ersten Mal deutlich. Die »Modérés« (gemäßigte Republikaner) wurden abgestraft, es kam einerseits zu einem starken Anwachsen des linken Flügels der Republikaner, den Radikalen, andererseits auch zu einem Wiedererstarken der alten konservativen Rechten. Die Radikalen hatten besonders viele Arbeiterstimmen bekommen. Infolgedessen schlossen sich Konservative, »Modérés« und Liberale zu einem Bündnis zusammen, um die Bewahrung der (groß-)bürgerlichen Republik zu erreichen (Schmid 1998: 32).

Ergebnis war ein innenpolitischer Immobilismus, den ein »starker Mann«, der »homme providentiel« (Mann der Vorsehung), wie ihn seine Anhänger später nannten, für sich zu nutzen wusste: General Georges Boulanger. Einerseits trommelte er für einen Revanchekrieg gegen Deutschland, um die verloren Gebiete Elsass und Lothringen wiederzugewinnen, andererseits machte er sich durch sein verbales Eintreten gegen Privilegien und Korruption in Teilen der sogenannten »classe populaire« einen guten Namen. Insbesondere seit er als zuständiger Minister am 13. März 1886 dem Parlament darüber Auskunft gab, dass er die Armee nicht gegen streikende Minenarbeiter in Decazeville einsetzen werde (Schmid 1998: 32.). Dies kostete ihm bei einer Kabinettsumbildung im Mai 1887 sein Ministeramt. Doch es dauerte noch ein Jahr, bis Boulanger selbst an der Spitze einer politischen Bewegung aktiv wurde. Bis zu dem Tag, an dem das Kriegsministerium ihn aus dem aktiven Militärdienst entließ und er nun offiziell politisch tätig sein durfte. Sofort stürzte er sich in den Wahlkampf und wurde bei drei Nachwahlen zur Nationalversammlung zum Abgeordneten gewählt. Jedes Mal trat er unmittelbar danach zurück (Schmid 1998: 33.). Sein größter Triumph allerdings war sein Wahlerfolg in Paris am 27. Januar 1889, bei der er den Kandidaten der Radikalen Eduard Jacques deutlich besiegte. Gleichzeitig zogen 30 boulangistische Abgeordnete in die Französische Nationalversammlung ein. Fraktionsvorsitzender wurde der Ultranationalist Paul Déroulède. Ebenfalls Teil der Fraktion wurde der junge Maurice Barrès, der in Nancy gewählt worden war (Schmid 1998: 33.).

Obwohl der Fraktionsvorsitzende Déroulède eindeutig der politischen Rechten zuzuordnen war, lässt es sich nicht negieren, dass die Bewegung zu einem großen Teil von Seiten der radikalen Linken unterstützt wurde. So setzte sich nicht nur sein Unterstützungskomitee zum Großteil aus gewählten Vertretern des linken Spektrums zusammen, ebenso trommelten blanquistische Zeitungen und Aktivisten massiv für den Ex-General (Garrigues 2012: 241).

Diese Tatsache ließ sich vor allem auf die »Nachwehen« der Commune von 1871, jenes Experiments revolutionärer Demokratie und Selbstverwaltung zurückführen, an dem alle Strömungen des Frühsozialismus ebenso wie radikal kleinbürgerliche Strömungen teilgenommen hatten. Die Commune wurde im Mai 1871 von bürgerlichen Truppen zerschlagen. Die Niederlage leitete eine schwere Krise der frühen organisierten Arbeiterbewegung ein, begleitet von einer scharfen Repression. So lebten bis 1880 zahlreiche Aktivisten in der Verbannung, häufig in der Kolonie Neu-Kaledonien. Während sich ein Zweig des jungen Sozialismus ab 1880 in der marxistischen Partei POF (Parti Ouvriers Français) reorganisierte, verlor der aktivistische Blanquismus, nach dem Tod Auguste Blanquis im Jahr 1881 ohnehin stark gebeutelt, seine Attraktivität für junge Aktivisten. Ein kleiner Restbestand an Aktiven bildete ein Komitee der Veteranen der Commune und klammerte sich an das Erbe seiner revolutionären Heldengeschichte und suchte nach neuen Betätigungsfeldern (Schmid 1998: 31). Gerade den Blanquisten schien der Boulangismus dazu gut geeignet, bot er doch die Möglichkeit, Öl ins Feuer zu gießen, um die revolutionäre Situation in eine tatsächliche Revolution zu verwandeln (Schmid 1998: 40).

Auch innerhalb der neuen Arbeiterparteien war man sich keinesfalls sicher, wie man mit dem Boulangismus umgehen sollte. Während Paul Lafargue, Mitbegründer der POF und Schwiegersohn von Karl Marx, am 1. Mai 1888 in einem Artikel schrieb, dass der Boulangismus »eine wirkliche Volksbewegung sei, die sozialistische Formen annehmen könnte, wenn man sie sich nur frei entfalten ließe«, waren die »Possibilisten« um Paul Brousse anderer Meinung und gründeten schon im Mai 1888 ein antiboulangistisches Aktionskomitee, um vor der »diktatorischen und plebiszitären« Bedrohung durch den Boulangismus zu warnen (Garrigues 2012: 242). Die Unterstützung für den Boulangismus von Seiten der Arbeiter könnte als Ergebnis der theoretischen Schwäche des französischen Sozialismus gesehen werden, der aufgrund seiner nationalistisch bedingten Ablehnung »deutscher« Rezepte durchaus anfällig war für Verlockungen eines »nationalen« oder »französischen« Sozialismus (Sternhell 1997: 49).

Betrachtet man allerdings die tatsächliche Basis der boulangistischen Bewegung anhand der Polizeiberichte, die akribisch die soziale Herkunft derjenigen erfasste, die bei »pro Boulanger«-Demonstrationen verhaftet worden waren, fällt auf, dass Arbeiter unterrepräsentiert waren, während Handwerker, kleine Kaufleute und Verwaltungsangestellte dominierten. Als Erben der jakobinischen Tradition vertraten sie eine Art Nachhut der »Arbeiterbewegung«, die vor allem die Verwirrung und Verunsicherung der kleinen Handwerker gegenüber der Industrialisierung zum Ausdruck brachten. Sie teilten die Auffassung der Marxisten nicht, dass der Kapitalismus eine notwendige Vorstufe auf dem Weg zum Sozialismus sei (Garrigues 2012: 242). Mit anderen Worten, ihnen ging es nicht um eine wirkliche Erneuerung der Gesellschaft, sondern um die Beibehaltung des Status Quo.

So schnell die Bewegung entstanden war, so schnell zerfiel sie auch wieder, nachdem Boulanger am 14. August 1889 wegen des Vorwurfs der »Verschwörung gegen die Republik« festgenommen und verurteilt, dann aber nach Belgien abgeschoben worden war. Bereits 1890 machte ein ehemaliger Abgeordneter der Bewegung dann in seinem Buch »Les Coulisses du boulangisme« darauf aufmerksam, woher die finanziellen Mittel der Bewegung hauptsächlich stammten. Nämlich aus der Privatschatulle der Herzogin von Uzès, die eine erhebliche Menge ihres Vermögens zur Verfügung stellte, um einen populären »starken Mann« zu unterstützen, der die (Wieder-)Einführung der Monarchie befördern sollte (Winock 1998: 223). In der Folge des Boulangismus kam es zu einer Neujustierung der politischen Landschaft. Einerseits löste sich die Arbeiterschaft aus der programmatischen Abhängigkeit der Liberalen (Garrigues 2012: 246). Auf der anderen Seite entwickelte sich der »linke Flügel« der »Moderaten« zur »Radikalen Partei« weiter. Diese Entwicklung trug dazu bei, dass diese neue Partei zum Sprachrohr der Mittelschicht wurde. Doch der weitere Machtzuwachs der Arbeiterbewegung und der wachsende Staatseingriff in die Volkswirtschaft sorgten für einen langsamen »Rechtsruck« der »kleinen Unternehmer« (Bosc 2008: 49).

2.4
Déroulède, Barrès und der Organische Nationalismus

Während mit Maurice Barrès ein Intellektueller sich an die Aufgabe machte, einen Nationalismus zu formulieren, der auch die Arbeiterschaft integrieren könnte, schwang sich Paul Déroulède ab den 1890er Jahren, also auf dem Höhepunkt der Anti-Dreyfus-Bewegung, zum Führer der Ligue des Patriotes, einer paramilitärischen Organisation, auf. Das Prinzip der Ligue sollte späterhin eine Vorbildfunktion für die Organisationsform der ultrarechten Gruppen sein.

Paul Déroulède gehörte eigentlich zum Lager der Republikaner, trennte sich mit dem Tod Gambettas (1882) aber politisch von diesen, da er den republikanischen Nationalismus aufgrund seiner mangelnden Militärerziehung und der Betonung der humanistischen, universalistischen Tradition von 1789 als Bedrohung der nationalen Sicherheit betrachtete. Denn die Niederlage 1871 und ebenso die Krise der französischen Ökonomie, die inzwischen deutlich gegenüber den Nachbarstaaten an Boden verloren hatte, hätten gezeigt, dass der dekadente Liberalismus für den Niedergang Frankreichs verantwortlich sei. Was es jetzt brauche, sei eine Zeit des »nationalen Egoismus, einer nationalen Leidenschaft, die einen ganz in Anspruch nimmt, ausschließlich ist, eifersüchtig (ist), wie alle Leidenschaften« (Schmid 1998: 37). Hier wurde ein zentrales Motiv angesprochen, dass ab den 1870ern eine zentrale Rolle in der französischen Öffentlichkeit spielte, nämlich das Schlagwort der Dekadenz. Das Gefühl der Unterlegenheit gegenüber Deutschland, das der Niederlage 1870/71 folgte, führte dazu, dass sowohl Institutionen als auch das herrschende Denken in Frage gestellt wurden (Chebel d'Appollonia 1988: 67).

2. ZUR GESCHICHTE DER ULTRARECHTEN IN FRANKREICH

Dies machte den Weg frei für revisionistische Republikaner wie Déroulède. Seine Kritik stand in der Tradition von Denkern wie Hippolyte Taine und Ernest Renan, für die Liberalismus und Demokratie in der Traditionslinie von 1789 die Nation schwächten. Taine zufolge war das menschliche Denken durch eine strikte Vorbestimmung gekennzeichnet. Diese sei vorgegeben durch »Rasse, die soziale Herkunft und den Augenblick«. Gerade die Rasse sei es, die die Menschen voneinander unterscheide. Demzufolge sei es die Gemeinschaft des Blutes, die die Menschen untereinander verbinde. Deshalb müsse man »Politikwissenschaft wie Zoologie betreiben«. Wenn aber die moderne Biologie die natürliche Ungleichheit der Menschen bewiesen habe, so war die Demokratie ein Bruch mit dem Naturrecht und sorgte für eine Störung des natürlichen Gleichgewichts, die bekämpft werden musste (Chebel d'Appollonia 1988: 34). Der intellektuelle Anspruch des Liberalismus wurde damit zurückgewiesen. So seien die philosophischen Vorstellungen der Aufklärer rein abstrakt und eine Spekulation des Geistes. Die Gleichheit der Menschen sei nicht durchführbar (Chebel d'Appollonia 1988: 36). Die Angst vor dem aufkommenden Proletariat war offensichtlich, der universalistische Anspruch des Bürgertums, der allerdings auch als Begründung für den Kolonialismus herhalten musste, wandelte sich unter dem Druck der ökonomischen Verhältnisse zu einem autoritären Nationalismus (Schmid 1998: 37).

Damit rückte ein weiteres wichtiges Motiv der (Ultra)-Rechten in den Vordergrund, nämlich die Ordnung. Die bestehende Gesellschaftsordnung musste auf jeden Fall bewahrt werden. Denn, so Renan, eine Nation, in der gleiche Rechte für alle gelten, sei undenkbar; weil »die Masse schwerfällig, ungehobelt und von der oberflächlichen Sichtweise ihres Interesses geleitet sei« (Chebel d'Appollonia 1988: 45). Dazu bedurfte es einer Idee, mit der es gelingen könnte, alle gesellschaftlichen Gruppen diskursiv in die Nation integrieren zu können. Diesem Unterfangen widmete sich Auguste Renan. Hatte bis hierhin ein offener Nationalismus dominiert, der nicht auf rassische und kulturelle Gemeinsamkeiten eines fest definierten Volkskörpers gesetzt hatte, der die Schaffung eines »nationalen Körpers« vielmehr als Grundnotwendigkeit zur Verteidigung der Volkssouveränität und daher auch die Existenz kultureller Fremdeinflüsse noch mit vorsichtiger Sympathie betrachtet hatte, so begann Renan im Zeichen der Krise den Versuch, eine spezifisch französischen Identität herauszuarbeiten, die sich durch eine gemeinsame Geschichte, Sprache und eben auch Kultur definieren sollte. Solche objektiven Kriterien zu schaffen, mit denen eine Abgrenzung zu anderen Nationen und Staaten möglich wäre, und den jungen Franzosen zu vermitteln, sei die Aufgabe des neuen staatlichen Bildungssystems. Explizit noch keine Rolle im Denken Renans spielten rassistische Motive (Noiriel 2015: 18-28).

Diesen Aspekt ergänzte Maurice Barrès. Er lieferte eine theoretische Begründung des organischen Nationalismus, der bis heute der zentrale Bezugspunkt der nationalistischen Rechten ist. Barrès ging davon aus, dass das Individuum versinke, um in der Familie, der Rasse und der Nation aufzugehen. Das nationale Kollektiv wurde nach seiner Sicht durch die Verwurzelung in der Erde und den Toten vorausgegangener Generationen begründet. Daher habe nach Barrès der Mensch keinen Willen, eine andere Welt als die seiner Vorfahren zu schaffen, denn Wesen könnten nur solche Früchte hervorbringen, wie sie in alle Ewigkeiten durch ihre Wurzeln erzeugt werden (Sternhell 1997: 210f.). Barrès richtete sich damit mehr an die Bauernschaft als an die Arbeiterklasse. Für ihn waren die Bauern die Träger der Tradition und der Garant für die Stabilität der nationalen Identität. Diese »unveränderten Menschen« waren nach Barrès dafür verantwortlich, »dass die Ackerscholle, die ohne Seele scheint, voll von Vergangenheit ist, und dass deren Erzählungen Ströme von Ideen in Gang setzten« (Chebel d'Appollonia 1988: 53). Diese Vorliebe für das Landleben ging einher mit der Ablehnung des Städtischen. Die Stadt war der Ort, wo Dekadenz und Korruption geboren wurden, aber auch der Kollektivismus, mit dem das Bersten der »gemeinschaftlichen Zellen« einherginge. (Chebel d'Appollonia 1988: 54).

Gleichzeitig plädierte Barrès dafür, den Antisemitismus und Rassismus zum zentralen Thema der nationalistischen Agitation aufzuwerten. Dem durch die Industrialisierung in seiner sozialen Stellung gefährdeten Kleinbürgertum wie auch der Arbeiterschaft könne der Jude wegen seiner unheilbaren Abscheu gegen ehrliche Arbeit und

2. ZUR GESCHICHTE DER ULTRARECHTEN IN FRANKREICH

Leistung, die ihn deshalb zum Wucherer und Händler mit Menschen mache, als gemeinsamer Feind dienen (Sternhell 1997: 271). Ebenfalls tat sich Barrès als Befürworter für Maßnahmen hervor, die die Zuwanderung ausländischer Arbeitskräfte nach Frankreich unterbinden sollten, um die französischen Arbeiter vor der lohndrückenden Konkurrenz der Zugewanderten zu bewahren, denn es müsse so sein, dass »in Frankreich der Franzose immer auf dem ersten Platz« stehe, wie er es formulierte. Die Empfindung der nationalen Solidarität sei nur durch den Hass auf den Nachbarn zu erreichen. Denn wenn man wolle, dass die Arbeiter in die nationale Gemeinschaft integriert würden, dürfe die Rede vom Vaterland für die unteren sozialen Schichten nicht nur mit Belastungen und zu erfüllenden Diensten verbunden sein (Schmid 1998: 49).

Die starke Betonung des Rassismus ist vor dem Hintergrund zu verstehen, dass sich die französische Gesellschaft in diesen Jahren, zum Unbehagen vieler, dessen bewusst wurde, ein Einwanderungsland geworden zu sein. So war die entstehende Kohle- und Stahlindustrie, die oftmals fern der Städte entstand, anfangs nicht in der Lage, ihren Personalbedarf durch regionale Arbeitskräfte zu denken, weshalb man auf italienische Migranten zurückgriff (Passmore 2013: 49; Mischi 2010: 38f.). Diese »italienischen Kolonnen« wurde von einer breiten Öffentlichkeit als »Staat im Staat« wahrgenommen, da diese Menschen zwar dauerhaft in Frankreich lebten, aber aufgrund ihres Nichtbesitzes der französischen Staatsbürgerschaft seitens der Verwaltungsbehörden kaum erfasst waren (Noiriel 2015: 48ff). Die Angst vor der neuen Konkurrenz auf dem Arbeitsmarkt und vor Bevölkerungsgruppen, die offensichtlich nicht assimilierbar waren, führte zu einer Fülle von Gesetzesinitiativen, die die Zuwanderung begrenzen, aber auch die inländischen Kleinproduzenten schützen sollten (Passmore 2013: 49).

Gleichzeitig spielten im Denken von Maurice Barrès aber auch die Ideen von Gustave Le Bon eine wichtige Rolle. Dieser betrachte die »Masse«, deren Entstehen vor allem ein Produkt der Streik und Massenaktionen der Arbeiterklasse war, nicht nur als Ausdruck des politischen Agierens einer »minderwertigen Klasse«. Sie war auch eine durch Unvernunft und Herdentrieb fehlgeleitete Gruppe, der es an Einsicht und der Fähigkeit zur Vernunft fehle. Sobald aber die »rationalistischen« Eliten die Führung dieser Massenbewegungen übernähmen, könne man das Gute in der Masse wecken und sie in die richtige Richtung lenken (Passmore 2013: 77f.). Dazu bedurfte es allerdings einfacher Bilder und Erklärungsmuster und Barrès nahm sich vor, die »Nation« und die »Fremden« als Bezugspunkte seiner Agitation zu wählen, um die Masse von der Notwendigkeit eines nationalen Volkskörpers zu überzeugen. Die Préferénce Nationale war geboren. Forderungen nach materiellen Rechten zur Verbesserung der Lage der arbeitenden Klassen sucht man bei Barrès allerdings vergeblich. Für ihn reichte es aus, wenn man die Fabrikbesitzer aufforderte, mehr Barmherzigkeit und Mitleid ihren Arbeitern gegenüber walten zu lassen (Soucy 1972: 60).

Das einzige Entgegenkommen zugunsten der Arbeiterschaft sollte vom Korporatismus der Katholischen Soziallehre und von der Gelben Gewerkschaftsbewegung ausgehen.

2.5
Die nationalistische Rechte zwischen 1900 und 1945

Zur Sternhell-Kontroverse
Wie deutlich geworden ist, war die Formierung der Ultrarechten vor allem eine Reaktion auf die hereinbrechende moderne Massen- und Industriegesellschaft und gegen die politische Linke gerichtet. Dennoch entwickelte sich in der französischen Geschichtswissenschaft ab den 1980er Jahren im Zusammenhang mit dem Auftreten des Front National und der Debatte über die Existenz eines französischen Faschismus eine subtile Extremismustheorie. Subtil deshalb, weil sie zwar nicht die Parteien der politischen Linken und Rechten gleichsetzte, aber linkes und rechtes Denken in einen direkten Zusammenhang brachte. So hatte der israelische Historiker Zeev Sternhell zwar mit einem Tabu gebrochen und erfolgreich nachgewiesen, dass im Gegensatz zur Behauptung der französischen Historikerschule sehr wohl »antiaufklärerisches Denken« als Basis für »faschistoides Bewusstsein«

in der französischen Gesellschaft existiert hatte. Für Sternhell war der französische Faschismus allerdings nicht konservativ und systembewahrend, sondern revolutionär, was er auf die Synthese von rechtem Nationalismus und linkem Anarchosyndikalismus, kurz einem »Nationalsozialismus« zurückführte. Beide seien vereint in ihrem »Antiliberalismus« und »Antirepublikanismus« (Sternhell 1987).

Der Historiker Michel Winock, der als einer der bedeutendsten Historiker der französischen Gegenwart bezeichnet werden kann, schlisst daraus, dass die französische Ultrarechte also eigentlich eine antibürgerliche Bewegung, die nicht mehr einem politischen Lager zugeordnet (»ni droite, ni gauche«) werden könne. So sei auch der französische Charakter des Faschismus vor allem durch seinen populären Charakter von Bedeutung, denn: »Er war links, weil er die ›Interessen des Volkes‹ befriedigen wollte und sie vor den Großen und Mächtigen beschützen wollte, und er war rechts, weil er nach Autorität und einem wiedererstarkten Staat verlangte« (Winock 1998: 178).

Zu Recht ist Sternhell vorgeworfen worden, dass er sich viel zu sehr auf Randgruppen des französischen Intellektuellenmilieus bezogen hatte, während er die eigentlichen Bewegungen völlig außer Acht gelassen hatte (Soucy 1995: 8). Denn die rechten Führer kamen nicht von »Links«, wie im Folgenden gezeigt werden soll.

Die »Ligue des Patriotes«

Zwei Organisationen gilt es deshalb für die diesen Zeitabschnitt zu betrachten: die »Ligue des Patriotes« und die »Action Française« (AF). Beide sogenannten Ligues hatte ihre größte politische Bedeutung während des Höhepunktes der Dreyfus-Affäre in den Jahren 1898 bis 1899. 1899 war die Ligue des Patriotes unter ihrem Führer Paul Déroulède, der auch den Spitznamen »Schlächter der Commune« trug, an einem Putschversuch beteiligt. Infolgedessen wurde sie von der AF abgelöst, die unter der Führungsfigur Charles Maurras bis 1914 die bedeutendste Ligue war (Soucy 1986: 2). Die Ligues, sowohl diejenigen, die um die Jahrhundertwende, als auch solche, die später existierten, zeichneten sich in der Regel dadurch aus, dass sie keine Parteien oder Vereine waren und nicht parlamentarisch oder institutionell vertreten sein wollten. Vielmehr handelte es sich um rein außerparlamentarische Verbände, die, paramilitärisch organisiert, versuchten, das politische Klima durch Gewalt und Einschüchterung der politischen Gegner in ihrem Sinne zu beeinflussen. Da mehr als ein Dutzend derartiger »Terrortrupps« zwischen dem Ende des 19. Jahrhunderts und 1940 existierten, soll hier in der Folge eine Beschränkung auf die wichtigsten Gruppierungen erfolgen.

Die Ligue des Patriotes war bereits unter dem Boulangismus entstanden und hatte dort eine große Anzahl von Straßendemonstrationen organisiert. Ihr Führer Paul Déroulède war ein Kriegsheld und ehemaliges Mitglied der Thiers-Regierung, er hatte sich während der Stürmung einer Barrikade der Commune eine schwere Verwundung zugezogen. Anschließend war er boulangistischer Abgeordneter. Zwar hatte er in den 1880ern einigen Sozialgesetzen zugestimmt, doch war er, wie schon sein Engagement gegen die Commune zeigt, ein strikter Gegner der marxistischen Idee des Klassenkampfes und der internationalen Solidarität. Ähnlich wie Barrès plädierte er für eine nationale Solidarität von Arbeit und Kapital im Rahmen einer kapitalistischen Gesellschaftsordnung (Soucy 1986: 2). Dazu musste Frankreich erst befreit werden aus dem Zustand der Anarchie, in welchen es durch die Massenstreikbewegung der Gewerkschaften und der jungen sozialistischen Bewegung geraten war. Beide kämpften, nach Meinung von Déroulède nicht länger für die legitime Verbesserung ihrer Lage, sondern für das Recht auf Faulheit, für die Zerstörung und das Verschwinden der Eigentümer, für die Vernichtung aller Profite und damit letztendlich auch für die Zerstörung individuellen Wohlstandes, denn die illusionäre Vorstellung, dass jeder zur selben Zeit gesellschaftlich aufsteigen könne, und nicht wie bisher einer nach dem anderen, führe zum allgemeinen Ruin, so Déroulède (Soucy 1986: 2).

Doch wie lässt sich Déroulèdes Ligue des Patriotes soziologisch charakterisieren? Übte sie tatsächlich eine gewisse Attraktivität für Arbeiter oder Unterschichtsangehörige aus? Offensichtlich nicht. Déroulèdes Bewegung bestand hauptsächlich aus verängstigten Pariser Kleinbürgern. Sie waren besonders den osteuropäischen Juden, aber auch Arbeitern und dem Sozialismus gegenüber feindselig eingestellt.

Beide Gruppen waren mit der wachsenden Industrialisierung in die kleinbürgerlichen Stadtviertel zugewandert und ließen die Alteingesessenen um ihre soziale Stellung fürchten (Soucy 1986: 3). Die Erben der progressiven Tradition der städtischen Aufstände von 1789, 1830, 1848 und auch 1871 waren aus Angst vor dem Sozialismus nach rechts gerückt. Angefacht durch den Antisemitismus eines Eduard Drumont, der in seinem Buch »La France Juive«, die jüdischen Bankiers nicht nur für den Kollaps der größten katholischen Bank Union Générale verantwortlich machte, sondern sie auch zu den eigentlichen Hintermännern der sozialistischen Agitation erklärte, wuchs die Zahl der Mitglieder der Ligue bis 1899 auf über 30.000 an. Während im Vordergrund das Kleinbürgertum agierte, wurde die Organisation im Hintergrund von einigen reichen Bankiers gestützt (Soucy 1986: 4).

Die Action Française
Nachdem die Ligue des Patriotes nach einem Putschversuch 1899 politisch in Ungnade gefallen war, übernahm die AF die Organisation des ultrarechten Spektrums. Von Anfang an war diese Organisation aber im Gegensatz zu den Akteuren um Paul Déroulède darauf bedacht, vor allem intellektuell Einfluss auf die politischen Debatten ihrer Zeit zu nehmen: 1898 als ursprünglich republikanischer Zusammenschluss gegründet, wurde sie als Propagandainstrument gegen die »Pro-Dreyfusarden« eingesetzt (Soucy 1986: 10). Schnell übernahm sie allerdings monarchistische Positionen. Doch nicht, weil man glaubte einer Romantisierung der monarchistischen Zustände vor 1789 erlegen zu sein. Tatsächlich schien die Monarchie für Maurras die einzige vernünftige Regierungsform zu sein, da es der Republik nicht gelinge, »starke Führer« hervorzubringen, die Ruhe und Ordnung im Inneren und den Schutz der Nation nach außen gewährleisten konnten. Die Könige aber hätten Frankreich tausend Jahre lang regiert, geformt und verteidigt (Davies 2002: 83). Das Programm, das Charles Maurras, am 6. Mai 1899 in der Gazette de France vorstellte, hatte mehrere zentrale Punkte: Nicht nur die Familie sollte wieder hergestellt werden. Auch der Zentralisierung der Verwaltung Frankreichs, eines der unmittelbarsten Ergebnisse der Französischen Revolution, wurde

das Ende angedroht und sollte durch die vorrevolutionäre, regionalistische Ständeordnung ersetzt werden – Wiedereinführung der Provinzen, Wiedereinführung der Zünfte etc. (Winock 1993b: 134). Unmittelbar nach der gewaltsamen Machtübernahme durch eine »kleine, energische Gruppe« würde eine »royalistische Diktatur« errichtet, die in einem ersten Schritt die »öffentliche Rache« gegen die Feinde der Monarchie organisieren würde, bevor schließlich das »Royalistische Regime« wieder errichtet werde, organisiert nach dem alten Prinzip: Während »oben« die Monarchie den Staat repräsentiert, erhalten auf den unteren Ebenen die lokalen Adligen und Stände Autonomie. Für Maurras und die AF bestand die »nationalistische Synthese« also aus (Erb-)Monarchie, Antiparlamentarismus und Dezentralisierung (Winock 1993b: 135). Nur so könne der Bestand der Nation gewährleisten werden. Denn »die Idee der Nation ist nicht nebulös. Sie ist der Ausdruck einer starken Realität. Die Nation ist das stärkste und umfassendste Band von Gemeinschaft auf der Erde. Zerbrich es und du brichst den Einzelnen. Er wird seine Fähigkeit zur Verteidigung, all seine Kraft und seine Fähigkeit zum Kampf verlieren. Alles was er ist, alles was er hat, und alles was er liebt, ist durch die Existenz der Nation vorbestimmt« (zitiert nach: Davies 2002: 84).

Doch dazu müsse man sich der inneren Feinde entledigen. Die sogenannten »Vier Konföderierten Staaten«, wie Maurras sie nannte. Gemeint waren Juden, Protestanten, Freimaurer und Fremde, die sich eines »bedingten Patriotismus« schuldig gemacht hätten, da ihre »Liebe zu Frankreich« nicht absolut sei. Die aber an den »Schalthebeln der Macht säßen« (vgl. Davies 2002: 84). Dazu bedürfe es der Abschaffung der Republik und der Rückkehr zum homogenen Staat des Ancien Régime, samt seiner »römischen Werte«, wie Ordnung, Hierarchie und Autorität. Der absolute König könne so eine Politik der »exklusiven Durchsetzung der Interessen der Nation befolgen«. Nur dieser König könne gewährleisten, dass nicht »alles das, was die Nationalisten bewahren wollen, schnell schwach werden und verschwinden würde« (vgl. Davies 2002: 84f.).

Die AF suchte in der Folge Kontakt zu anderen antirepublikanischen Gruppen und versuchte, die Gewerkschaftsbewegung und die

Arbeiter für politische Bündnisse zu gewinnen. Der erste Versuch war die Publikation einer angeblich »antidemokratischen und antikapitalistischen« Zeitschrift mit dem Namen »La Cité Française«, die aber nach nur wenigen Ausgaben wieder eingestellt wurde. Der zweite Versuch war der sogenannte »Cercle Proudhon« um Sorel, Valois und Berth. Aber auch diesem gelang es nicht, Einfluss innerhalb der Arbeiterbewegung zu erlangen (Winock 1998: 197).

Denn wo die Sozialisten und die Confédération générale du travail (CGT), der 1895 gegründete erste gesamtfranzösische Gewerkschaftsverbund, die Revolution durch Klassenkampf und Internationalismus erreichen wollten, ging es der AF ja um Bewahrung der sozialen Hierarchien (vgl. Soucy 1986: 14). Deshalb erhielt die AF finanzielle Unterstützung von Pierre Biétry, der als Vorsitzender des Verbandes »gelber«, also unternehmerfreundlicher, Gewerkschaften tätig war. Dieser sprach sich für berufsständische Organisationen aus, denen sowohl Arbeiter wie auch Unternehmer angehören sollten. Außerdem sollte der individuelle Aufstieg zum Eigentum der »antiken Sklaverei in der Form des Staatseigentums« entgegenstehen. Das galt natürlich auch für den Nationalismus, der dem Internationalismus, der den Arbeiter entwurzele, vorzuziehen sei (Chebel d'Appollonia 1988: 144).

1906 fasste Biétry dann seine zentralen Thesen in Buchform zusammen. Diese bestanden in der Ablehnung aller grundsätzlichen Forderungen der Arbeiterbewegung: Antimilitarismus, Streikrecht, Acht-Stunden-Tag, Antiklerikalismus und Klassenkampf. Die Aufgabe sei es auch nicht, den »staatlichen Kollektivismus« und die »Entwicklung des Humanismus« voranzubringen, sondern »dem Naturrecht zum Durchbruch zu verhelfen« und in seinem Sinne die Beziehungen zwischen Arbeit und Kapital zu bestimmen (Chebel d'Appollonia 1988: 143).

Dieser »Korporatismus« stammte aus der katholischen Ideengeschichte. Ausgangspunkt der theoretischen Entwicklung einer Soziallehre waren Frédéric Le Play und Albert de Mun gewesen, die die Ordnung des Ancien Régime dadurch retten wollten, dass die hierarchische Organisation der vorrevolutionären Gesellschaft unter dem Deckmantel des Paternalismus auch in der Fabrik Einzug halten sollte. Der Geist der Familie sollte auch hier wirken. Die soziale Doktrin bestand aus vier Elementen: Religion, Eigentum, Familie und Arbeit (Winock 1993b: 36).

Das Cartel des gauches und die Faisceau
Auch wenn durch die »Union Sacrée« (Heilige Union) des Ersten Weltkrieges, die französische Variante der deutschen »Burgfriedenspolitik« zwischen der 1905 gegründeten Sozialistischen Partei (SFIO) und der CGT auf der einen und dem bürgerlichen Establishment auf der anderen Seite, wodurch sowohl Gewerkschaften als auch SFIO bewiesen, dass sie der »nationalistischen Welle« nicht widerstehen konnten, die innenpolitischen Spannungen verschwanden, tauchten sie spätestens mit der Oktoberrevolution und dem Beginn großer Massenstreikbewegungen in der metallverarbeitenden Industrie und unter dem Eisenbahnern ab 1917 wieder auf. Die Bourgeoisie, geeint in ihrer Angst vor den »Roten«, schloss sich deshalb für die ersten Nachkriegswahlen 1919 zum Bloc National zusammen, der einen Erdrutschsieg erzielte (Robert 2012: 264).

Kaum war die vermeintlich revolutionäre Situation ab 1920 im Inneren wieder beigelegt, brachen erste Differenzen im »Bürgerblock« aus. So waren die säkularen Kräfte innerhalb dieses Bündnisses massiv verstimmt über die Kirchenpolitik der »Rechten«, die sie als Versuch betrachteten, das Gesetz von 1905 zur Trennung von Staat und Kirche aufzuweichen, gleichzeitig waren die Kleinbürger an der Basis der linksliberalen »Radikalsozialistischen Partei« erbost über die am Kriegsende neu eingeführte Gewerbesteuer, die als Aktion des großen Kapitals zuungunsten der Kleinunternehmer wahrgenommen wurde (Capdeviille 1986: 241).

Doch Schulden und Inflation sowie die Kosten der Ruhrbesetzung bedurften einer Lösung. Die des Ministerpräsidenten Poincaré bestand 1924 in der Abwertung der Währung, um die Exportchancen zu erhöhen, was wiederum die kleinen Unternehmer traf (Goodliffe 2012: 153). Der Bloc zerbrach und die Radikalen orientierten sich auf Druck der Basis nach links. Nach den Wahlen 1924 kam es zur Zusammenarbeit mit der SFIO, die der Regierung allerdings nicht beitrat,

2. ZUR GESCHICHTE DER ULTRARECHTEN IN FRANKREICH

sondern sie aus Angst, von der 1920 neu entstandenen Kommunistischen Partei (PCF) als »Systempartei« bloß gestellt zu werden, nur tolerierte. Diese sogenannte »Cartel des gauches«-Regierung (»Kartell der Linken«) betrieb nicht nur eine Normalisierung der Außenpolitik, indem man die Sowjetunion endgültig politisch anerkannte, sondern sorgte auch im Inneren für gesellschaftspolitische Reformen. Ein Großteil der Entlassenen der Streikwellen von 1919 wurde rehabilitiert und teilweise wieder eingestellt (Soucy 1986: 20). Auch der Ton gegenüber der Kirche wurde wieder rauer. So sollte der Laizismus jetzt auch im Elsass und Lothringen eingeführt und gleichzeitig der Botschafter aus dem Vatikan abgezogen werden (Lalouette 2012: 309).

Für die Rechte wurde in diesen Tagen der italienische Faschismus, der gerade dabei war, seine Macht zu festigen, zum Vorbild, dem es nachzueifern galt. Hatte er doch erfolgreich die italienische Linke zerschlagen. Der »radikalste (kleinbürgerliche) Flügel« ging nun auch in Frankreich auf die Straße, um gegen die Linke Front zu machen; die Tradition der Ligues lebte wieder auf und von Seiten des Kapitals kamen Gelder für den Organisationsaufbau. Die so genannte erste Welle des ultrarechten Protestes gegen Mitte-Links-Regierungen begann. Die wichtigste Organisation dieser Zeit war Le Faisceau (vgl. Soucy 1986: S.21).

Le Faisceau wurde am 11. November 1925, also dem Tag des Waffenstillstandsabkommens, das das Ende des Ersten Weltkrieges eingeleitet hatte, von Georges Valois gegründet. Dieser war zuvor 20 Jahre lang Aktivist der AF gewesen. Allein schon der Name dieser Gruppierung war ein klarer Bezug zum italienischen Faschismus. Auch die Uniform ihrer paramilitärischen Einheiten war in einem Schwarz gehalten, das dem der italienischen faschistischen »Schwarzhemden« äußerst ähnlich sah. Die Organisation hatte zum Höhepunkt ihres Bestehens ca. 25.000 Mitglieder, war konservativ, antiliberal und antikommunistisch (Schmid 1998: 89).

Doch Valois' politische Herkunft aus dem Umfeld des Syndikalismus, also scheinbar »von links«, veranlasste den Historiker Michel Winock dazu, in Anlehnung an Sternhell von einer revolutionären Bewegung zu sprechen. So hätten Valois und seine Vertrauten den Franzosen nicht nur eine neue rechte Organisation präsentieren wollen. Ihr »antiplutokratischer« Faschismus und die Betonung von »absolut freien« Gewerkschaften wiesen angeblich auf die schon erwähnten »nationalsozialistische Synthese« hin (Winock 1998: 178). Tatsächlich aber fand sich bei Valois kein Hinweis auf linke Denkmuster. Wie bei allen Theoretikern der radikalen Rechten und ihren Organisationen seit Barrès üblich, wurden Demokratie und Liberalismus als schwächlich und unmilitärisch betrachtet. Die Nation sei gefährdet, weil die demokratische Regierung dem »wilden Ansturm der Bolschewiken« nicht standhalten könne. Dieser »Bankrott der herrschende Klasse« könne nur durch einen starken Führer, »der Frankreich wieder auf den rechten Weg zurückführen werde«, verhindert werden, wie Valois meinte. Dieser solle den »korrupten, überlebten Parlamentarismus« beseitigen (Soucy 1986: 89-91).

Dieser Diktator habe zwei Aufgaben durchzuführen: Einerseits die wirtschaftspolitische Neuausrichtung und andererseits die Lösung der sozialen Frage. Die wirtschaftspolitischen Leitsätze zeigten, wie wirtschaftsliberal statt sozial die Faisceau war: So sollte die Inflation durch das Senken von Steuern und das Senken der Staatsausgaben bekämpft werden. Des Weiteren duldete auch Valois nur korporatistische Vereinigungen, die eine rationale Produktion gewährleisten sollten, und keine freien Arbeitergewerkschaften. Stieg die Produktion, stiegen auch die Löhne – und der Wohlstand der Arbeiter würde wachsen. Nach Auffassung von Valois bedurfte es im Sinne seiner rechten Vorgänger keiner gewerkschaftlichen Gegenmacht in den Betrieben, auch wenn er, ganz im Sinne »faschistischen Doppelsprechs« (Soucy), betonte, kein »Knecht des Kapitals« zu sein (Soucy 1986: 92).

Auch Winock gibt zu, dass die Mitglieder, die aus der Arbeiterschaft kamen, ziemlich rar waren, denn die bürgerlichen Milieus dominierten eindeutig (Winock 1998: 181). Da das »Cartel des Gauches« an den Meinungsverschiedenheiten über die Sozial- und Wirtschaftspolitik scheiterte, kam die Rechte 1926 mit Poincaré wieder an die Macht (Capevielle 1986: 241). Weil nun keine Gefahr von links mehr bestand, sank auch der Stern der »Faisceau« wieder. Die Gelder von Seiten reicher Unterstützer blieben aus und die Organisation löste sich auf.

1930–1945: Die bürgerliche Angst vor der Volksfront

Erst der Eintritt Frankreichs in die Weltwirtschaftskrise ab 1930 und der erneute Versuch, 1932 eine Mitte-Links-Regierung zu bilden, führten zu einem Aufleben der ultrarechten Bewegungen (Winock 1998: 182). Nach einem Monat Vorbereitungszeit, begleitet von Pressekampagnen und kleineren Aufmärschen, demonstrierten am Abend des 6. Februars 1934 100.000 Menschen gegen die »sozialistische Bedrohung« und die »verrottete« Republik«. Beim versuchten Sturm auf das Parlamentsgebäude starben 16 Menschen. Paris hatte die heftigsten Straßenschlachten seit dem Ende der Commune 1871 erlebt (Soucy 1995: 32). Die Ligues hatten den entscheidenden Anteil an dieser Explosion der Gewalt. Daladier verzichtete auf das Amt des Ministerpräsidenten, »um weiteres Blutvergießen zu verhindern«. Die »Radikalsozialisten« entzogen wie 1926 der SFIO das Vertrauen und traten einer »Regierung der Nationalen Einheit« bei (Winock 1998: 182).

Die »Rechte schien wieder gesiegt zu haben, auch wenn sich der moderate Teil offenbar im Hintergrund gehalten hatte. Die Zusammenarbeit wurde erste später sichtbar. So gestand der rechtsbürgerliche Innenminister Tardieu später ein zwischen 1934 und 1936 sogar öffentliche Gelder in die Taschen der Ligues umgelenkt zu haben (Soucy 1995: 118).

Die Machtergreifung der Faschisten in Deutschland und der ultrarechte Aufstandsversuch 1934 führten die antifaschistischen Milieus bürgerlicher und linker Herkunft wieder zusammen. 1936 wurde die Volksfront bei der Parlamentswahl mit einer eigenen Mehrheit ausgestattet. Nach den Massenstreiks im gleichen Jahr wurde das Matignon-Abkommen zwischen CGT und Vertretern der Unternehmerseite geschlossen. Dieses brachte den französischen Arbeitern nicht nur den bezahlten Urlaub und die Senkung der Wochenarbeitszeit auf 40 Stunden bei vollem Lohnausgleich, sondern auch eine 12-prozentige Lohnerhöhung. (Soucy 1995: 34; auch Godliffe 2012: 183).

Gerade für die Kleinunternehmer war diese politische Entwicklung ein Schock. In ihren Augen entwickelte sich ein Klassenstaat der Arbeiter, der die sozialen Kosten einseitig auf die kleinen Eigentümer abwälzen würde. Viele sahen sich ökonomisch nicht in der Lage, die neue Sozial- und Wirtschaftspolitik in ihren Kleinbetrieben zu schultern. Zusätzlich hatte die Abwertungspolitik der Regierung Blum die Werte der Geldanlagen der Mittelschicht sinken lassen. Diese war aber auf die Renditen angewiesen, da sie ihr als Altersvorsorge dienten. Gleichzeitig stiegen aber auch die Lebenshaltungskosten, während die von der Regierung festgesetzten Getreidepreise für viele Bauern nicht mehr kostendeckend waren (Bernstein 1983: 88; Jackson 1988: 9).

Das geschockte Bürgertum ging zur Gegenoffensive über. Einerseits intellektuell und andererseits natürlich in Form der »Ligues«, die aufgrund des Verbotes von 1935 jetzt zum Teil als Parteien auftraten. Der »intellektuelle« Kampf erfolgte über die zahlreichen Zeitungen der rechten Organisationen und Vereinigungen, die Auflagen in Höhe von mehreren Hunderttausend Exemplaren erreichten. Eine zentrale Rolle spielte dabei die Presse der Action Française. Charles Maurras, Robert Brasillach oder Maurice Bardèche entwickelten in ihren Artikeln einen hasserfüllten Antisemitismus, der sich direkt gegen den sozialistischen Ministerpräsidenten Léon Blum richtete, der für Maurras »menschlicher Abfall« war (Winock 1998: 183). Doch gesellte sich zu diesem Antisemitismus ein besonderer Hass gegen alles Liberale und Republikanische, für das die »Volksfront« als Sinnbild betrachtet wurde. Der Front Populaire galt faktisch als das Einfallstor für Dekadenz, demographischen Verfall, Alkoholismus, die »jüdische Invasion« und den Intellektualismus. Gelobt wurden dagegen Tradition, Gewalt und Autoritarismus (Winock 1998: 184).

Dieser »Anti-Antifaschismus« wie Brasillach die politische Ausrichtung der Blätter der Rechten bezeichnete, war durchsetzt mit Aufrufen, die bis hin zum Mord reichten, wofür Maurras 1936 ein halbes Jahr ins Gefängnis musste (vgl. Winock 1998: 183).

Der Hauptangriff wurde jedoch an der politischen Front geführt. In Form von Ligues und Parteien. Laut Winock standen alle politischen Akteure programmatisch in der Tradition der »Valois'schen Synthese«, also der »revolutionären Verbindung von Nation und Sozialismus«. Dem war natürlich nicht so. Ihr Kampf richtete sich nicht nur gegen die Überwindung der parlamentarischen Republik, sondern auch gegen den Klassenkampf und die »kommunistische Gefahr«, wie Winock selbst eingesteht (Winock 1998: 188). Für den Sozialismus kämpften sie nicht. Andernfalls wären sie bei ihrer Arbeit nicht mit hohen Summen vonseiten des Unternehmerverbände unterstützt worden.

Trotzdem beschimpfte z. B. die Parteizeitung des Parti Social Français (PSF) aber auch das Großkapital. Wörtlich hieß es: »Lasst uns gemeinsam gegen gleichen Feinde aufbegehren: Die Kartelle, die Finanzmächte, die Monopole, die Partei aus Moskau: Die großen Kartelle haben das Matignon-Abkommen unterzeichnet. Ihre Reserven sind groß genug. Sie werden von den Banken, mit denen sie verbündet sind, das Geld erhalten, das sie brauchen. Alle Angestellten werden Beschäftige dieser Kartelle oder aber arbeitslos. Es wird Millionen von neuen Proletariern geben. Es wird die Herrschaft einer Klasse kommen, die Unterdrückung des kleinen Eigentums wird folgen, jeder wird durch die namenlosen Kartelle proletarisiert« (zitiert nach: Soucy 1995: 132). Aus diesen Worten sprach die Angst der Mittelschicht – vor der Gefahr, ökonomisch eingeklemmt zu sein zwischen oben und unten – und die Angst, sozial ins Proletariat abzusteigen. Nur durch ein autoritäres Regime könnte die »zwangsläufige« Entwicklung des Kapitalismus aufgehalten werden.

Paul Creyssel, der wirtschaftspolitische Sprecher des Parti Social Français und selber Fabrikbesitzer, sei hier im Folgenden zitiert, um auf den wirtschaftsliberalen Zungenschlag der Ultrarechten hinzuweisen. Seiner Meinung nach war die Teilnahme von Arbeitern an Klassenaktionen nämlich »ein Verbrechen gegen die französische Brüderlichkeit«, denn »der französische Unternehmer und Arbeiter haben ein größeres Interesse, sich die Hand zu geben, als ein japanischer Arbeiter einem französischen, den die ersten beiden haben ein natürliches Interesse daran, dass ihr Produkt jenes der anderen Wettbewerber aus dem Feld schlägt. Klassenhass verletzt diese Solidarität und führt zum ökonomischen Ruin« (Soucy 1995: 184).

Deshalb müsse der Staat auch aufhören, sich in unternehmensinterne Angelegenheiten zugunsten der Arbeiter einzumischen, denn der Fabrikant trage das unternehmerische Risiko und habe das Recht, dass sein Profit, sein Eigentum und seine Autorität geachtet werde, so Creyssel weiter (Soucy 1995: 184).

Auch Jacques Doriots Parti Populaire Français (PPF), dem man häufig nachsagt, eine Arbeiterpartei gewesen und damit nationalsozialistische Züge im Winock'schen Sinne besessen zu haben, war personell und programmatisch genauso aufgestellt wie alle anderen Bewegungen von Rechtsaußen dieser Zeit. Die PPF war tatsächlich sogar besonders abhängig von ihren großbürgerlichen Geldgebern. So gelang es, nur dort organisatorisch Fuß zu fassen, wo ökonomisch mächtige Mitglieder ihre Basis hatten. Dies galt besonders für Bordeaux, Marseille und Lyon. In Bordeaux war mit Jean Le Can der größte Bauunternehmer Vorsitzender der Partei, der eigenen Schätzungen zufolge über eine Million Francs in die PPF steckte. In Marseille wurde der Vizepräsident der Partei, Simon Sabiani, kräftig unterstützt von den lokalen Reedereien und der Gas- und Elektroindustrie. In Lyon stellte Rhône-Poulenc sogar einen seiner leitenden Angestellten frei und finanzierte anschließend dessen hauptamtliche Tätigkeit für Doriot (Soucy 1995: 226). Daneben verfügte die Partei über Mittel aus der Stahl-, Kohle- und natürlich der Finanzindustrie, hier insbesondere der Bank Wendel. Auf dem Höhepunkt ihrer politischen Aktivitäten verfügte die PPF über eine »Kriegskasse« von knapp 6 Millionen Francs (Soucy 1995: 226).

Auch ihre Mitgliedschaft kam nicht in erster Linie von links und war schon gar nicht proletarisch. So waren zwar ca. 33 Prozent der Mitglieder vorher in Mitte-Links-Parteien aktiv gewesen, aber nur 8 Prozent waren vorher Mitglieder des PCF (Parti Communiste Français) gewesen. Außerdem stammten 58 Prozent der Mitglieder aus der Mittelschicht und nur 20 Prozent waren Arbeiter.

Kaum war die Volksfront 1938 endgültig zerbrochen, gingen auch die ultrarechten Bewegungen wieder ein. Da die ökonomische Macht nicht mehr durch Linke gefährdet schien, bedurfte es auch keiner weitergehender Überlegungen mehr, sich der parlamentarischen Regierungsform zu entledigen. Dies führte wie schon in den 1920er Jahren zum Versiegen der finanziellen Unterstützung.

Dass auch die Volksfront scheiterte, lag vor allem am Agieren der Radikalen Partei, die sich ganz offen als Vertreterin der politischen Interessen der Mittelschichten präsentierte und dabei immer zwischen linken und rechten Regierungsbündnissen schwankte. Je nachdem ob gerade der Schutz vor der Macht der Monopole die größte Sorge der kleinen Eigentümer war oder die Geißelung des staatlichen Interventionismus. Hatte ihr Republikanismus sie zuerst ins Lager der Volksfront geführt, brach sie bald wieder mit ihr, weil die »kleinen Unabhängigen« ihre Auslöschung durch die »fehlgeleiteten Aufwendungen« der Sozialpolitik befürchteten (Bosc 2008: 11).

Die Vichy-Zeit (1940–1944)

Der offizielle Beginn des Vichy-Regimes, gleichbedeutend mit dem Ende der III. Republik, war der 10. Juli 1940, als die verbliebenen Abgeordneten der beiden Parlamentskammern – die übrigen waren entweder nicht zu den Sitzung erschienen oder hatten bereits den Weg ins Exil angetreten – den Marschall Pétain faktisch zum »Alleinherrscher« des Kollaborationsregimes kürten. Die Zeit der »Nationalen Revolution begann« (Davies 2002: 101).

Auch wenn es kleinere Widersprüche zwischen »Faschisten« wie Brasillach und Céline auf der einen und dem nationalkonservativen Lager um Maurras und Pétain auf der anderen gab – in den zentralen Punkten waren sich die Kollaborateure einig. Der Kampf galt, wie bisher auch schon, dem Kommunismus und vor allem den französischen Juden, die wie Céline es formulierte, »hinter allem stecken und die weiße Rasse gefährden« (vgl. Davies 2002: 117).

Das Vichy-Regime unterstützte das faschistische Deutschland demzufolge auch bedingungslos in seiner Vernichtungspolitik gegen die europäischen Juden. Aus Frankreich wurden, wenn man den Zahlen glauben darf, zwischen 43.000 und 76.000 jüdische Menschen nach Auschwitz deportiert, von denen nur wenige überlebten (Davies 2002: 112).

Gleichzeitig war man von der alten Angst der Nationalisten vor Dekadenz und Rationalismus durchdrungen. Deshalb sollten ein »neuer faschistischer Mensch« und eine »neue Zivilisation« entstehen. Nur unter deutscher Führung könne eine derartige Neuordnung in Europa gelingen, glaubte man (Davies 2002: 113).

Ebenso versuchte man allerdings, die traditionalistischen Momente der eigenen Doktrin in die Tat umzusetzen. So wurde die Rückkehr aufs Land propagiert, die berufsständischen Arbeitsorganisationen geschaffen und eine pronatalistische Familienpolitik verfolgt. Nicht zuletzt deshalb, weil man fest davon überzeugt war, den Krieg gegen Deutschland nur deshalb verloren zu haben, weil man über zu wenig Soldaten verfügt habe (Davies 2002: 104 f.).

2.6
Die Ultrarechte im Nachkriegsfrankreich (1945–1968)

Der »Poujadismus« und die »Algérie Française«-Bewegung
Nach der Befreiung Frankreichs von der deutschen Besetzung 1944 blieben der Ultrarechten zunächst nur Themen wie die Vichy-Vergangenheit und die behauptete Ungerechtigkeit der Säuberungsaktionen gegenüber den Stützen des Faschismus. Erst der Poujadismus und die Kolonialkriege in den 50er Jahren konnten der kraft- und ideenlosen Ultrarechten einen neuen Aufschwung geben.

Was war der Poujadismus? Alles begann 1953 in Südwestfrankreich, als Pierre Poujade und andere Kleinunternehmer eine Selbstschutztruppe gegen Steuerkontrolleure gründeten, die bald von sich behaupteten, eine »Résistance gegen die Steuer-Gestapo« zu sein. Kurze Zeit später begannen die »Steuerrebellen« sogar dazu überzugehen, Finanzämter zu überfallen. Die Bewegung breitete sich schnell unter den Kleinunternehmern der Region aus. Ende 1954 stellte die Regierung Mendès-France fest, dass südlich der Loire keine Steuerbeamten mehr gefahrlos eingesetzt werden konnten. Die Poujadisten gaben sich in der Folge eine feste Struktur, die UDCA (Union zur Verteidigung der Kaufleute und Handwerker), und traten 1955 zur Wahl der Handwerkskammern an, die sie bald zur Hälfte kontrollierten (Schmid 1998: 105).

Der Grund ihrer Wut war die Angst vor Verarmung. Denn mit der Entstehung der IV. Republik orientierte sich französische Politik um und begann, den französischen Kapitalismus umzubauen. Unter dem Druck von Arbeitskämpfen, aber auch auf Initiative einer industriellen Staatsbourgeoisie, die aus Vertretern öffentlicher und nationalisierter Unternehmen sowie hohen Funktionären der Wirtschafts- und Finanzverwaltung bestand, setzte sich ein neues Entwicklungsmodell durch: Der Fordismus (Bihr 1998: 43).

Auf der einen Seite akzeptierten die Arbeiter die Mechanisierung der Produktion (Massenproduktion durch Fließbandverfahren) und den Kapitalismus. Im Gegenzug wurden ihnen sichere Arbeitsplätze und die Etablierung eines Sozialstaates zugestanden (Bihr 1998: 44).

Doch bedeutete diese Entwicklung auf der anderen Seite nicht nur eine sozio-ökonomische Erneuerung der produktiven und gesellschaftlichen Sphären, sondern auch eine Gefahr für die alten Mittelklassen. Denn die Modernisierung der Volkswirtschaft unter fordistischen Vorzeichen beinhaltete sowohl höhere Steuerbelastungen und höhere Sozialausgaben für die kleinen und mittleren Unternehmen, die durch die Kosten des Ausbaus der öffentlichen Institutionen bedingt waren, als auch eine schnellere Konzentration von Bank- und Finanzkapital (Bihr 1998: 45). Die politischen Eliten waren sich dieser Problematik bewusst, deshalb gab es durchaus Privilegien, die man den Kleinunternehmern zugestand. So wurden Steuern nicht auf die tatsächlichen Einnahmen erhoben, sondern man handelte einen Festbetrag mit dem Finanzamt aus, der dann für zwei Jahre galt. Stieg die Inflation, war dies zum Vorteil für den Steuerzahler, kam es zur Deflation, stieg die Steuerbelastung, wie es in den 1950er der Fall war. Daher stiegen die Steuern der »Kleinunternehmer« 1953 real um 18 Prozent, 1954 um 20 Prozent und 1955 sogar um 40 Prozent (Tristram 2012: 449).

Dass die Regierungspolitik versuchen musste, für Preisstabilität zu sorgen, lag an den Kosten der von ihr geführten Kolonialkriegen, die über die neue Steuer finanziert werden mussten, aber nicht in Form einer sinkenden Kaufkraft bei den großen Masse der Franzosen ankommen sollte, da soziale Unruhen befürchtet wurden (Bresset/Lionet 1994: 112f.). Schon bald überlegte man innerhalb der poujadistischen Bewegung, auch für das Parlament zu kandidieren.

Das Programm war altbekannt: So sollten die wirtschaftlichen Stände die Aufgaben des Staates übernehmen, mit der eine Entstaatlichung der Ökonomie und die völlige Wiederherstellung der wirtschaftlichen Freiheit einhergehen sollte. Ferner stand die totale Abschaffung der Steuerkontrolle die Abschaffung der Geldstrafen für Steuerhinterziehung und eine große und sofortige Amnestie für Steuerdelikte auf der Tagesordnung (Chebel d'Appollonia 1988: 239; Schmid 1998: 106).

Da es außer Poujade an präsentablen Kandidaten fehlte, suchte man den Kontakt zur Bewegung derer, die glaubten, dass »etwas faul ist« im System und die befürchteten, dass sich die Welt bald ohne sie und ihre soziale Funktion drehen könnte. Damit war die soziale Basis relativ eingeschränkt, denn sie bestand nur aus Kleingewerbetreibenden (Schmid 1998: 106).

Dennoch gelang es am 2. Januar 1956, mit 52 Abgeordneten in die Nationalversammlung einzuziehen. Doch relativ schnell spaltete sich die Fraktion über der Kolonialfrage. Während der größte Flügel auf die konsequente Beibehaltung des Programmes bestand, das höhere Steuern und Staatsausgaben ablehnte, bestand der kleinere Teil auf Erhöhung der Mittel für die Kolonialpolitik (Schmid 1998: 109).

Die poujadistische Bewegung begann sich aufzulösen. Zwar trat sie 1958 noch einmal zur Parlamentswahl an, erhielt aber nur noch einen Bruchteil der Stimmen, die sie zwei Jahre vorher erzielt hatte. Der Erfolg des Poujadismus hatte eines gezeigt: Die IV. Republik war instabil und hatte mit ständigen Regierungswechseln zu kämpfen; nicht zuletzt deshalb, weil es nicht gelang, eine klare politische Richtung einzuschlagen (Bihr 1998: 45).

Dieser Stillstand machte das (Wieder-)Erscheinen de Gaulles auf der politischen Bühne möglich. Seit dem 1. Juni 1958 mit allen politischen Vollmachten ausgestattet, man konnte von einem legalisierten Putsch sprechen, begann er, Schritt für Schritt die Entkolonialisierung Frankreichs vorzubereiten. Gleichzeitig radikalisierten sich die Proteste in Algerien gegen die Politik de Gaulles und auch innerhalb der radikalen Fraktion in der politischen Rechten. Nachdem es in Algier Ende Januar 1960 zur so genannten Woche der Barrikaden gekommen war, bei der 14 Gendarmen getötet und 123 weitere verletzt wurden, kam es auch auf dem Festland zu Demonstrationen gegen eine mögliche Unabhängigkeit Algeriens. So versuchten paramilitärisch ausgerüstete Demonstranten, die Nationalversammlung zu stürmen. An der Spitze dieses Demonstrationszuges war Jean-Marie Le Pen zu finden.

Dieser hatte seine politische Laufbahn als Beauftragter für die Jugendarbeit in der poujadistischen Bewegung begonnen. Da Pierre Poujade nur zaghafte Unterstützung für die rechtsextreme »Algérie Française«-Bewegung erkennen ließ und die Konzentration der Poujadisten auf die Verteidigung des Kleinunternehmertums im Mittelpunkt ihrer politischen Handelns stand, war es zum Bruch zwischen Le Pen und Poujade gekommen. Ersterer Pen versuchte nun, eine eigene prokolonialistische Bewegung unter dem Namen Front national des combattants (Nationale Front der Mitstreiter) aufzubauen, die vor allem durch die Nutzung moderner Kommunikationsmittel für die eigene Position zu werben begann. So organisierte man eine »Werbekarawane für ein französisches Algerien«, mit der man während der Sommermonate durch die französischen Ferienregionen tourte und unter anderem propagandistische Filmvorführungen anbot. Gleichzeitig kam es auch zu gewaltsamen Ausschreitungen durch Mitglieder, die dem Ruf der Organisation schadeten (Lebourg/Beauregard 2012a: 41).

Nachdem Jean-Marie Le Pen 1958 als Abgeordneter wiedergewählt worden war (diesmal für die Mittelstandspartei CNIP), versuchte er 1960 ein weiteres Mal, eine außerparlamentarische Bewegung gegen den Verlust Algeriens und de Gaulles Politik zu initiieren. Er gründete den Front National pour l'Algérie Française (FNAF). Der FNAF stand allerdings unter keinem guten Stern. Zwar behauptete Le Pen in der Öffentlichkeit, dass seine Organisation sechzigtausend Mitglieder habe. Allerdings waren es nur ca. tausend und die Finanzlage so schlecht, dass die beauftragte Druckerei sich weigerte, weiteres Propagandamaterial zu drucken, da die Rechnungen nicht bezahlt worden seien (Lebourg/Beauregard 2012a: 42).

Denn die Franzosen stimmten de Gaulles Politik und nicht den Forderungen der Ultrarechten zu. Nachdem im Januar 1961 75 Prozent der Beteiligten an einer Volksbefragung die Algerienpolitik des Präsidenten gebilligt hatten, stimmten im April 1962 90 Prozent der Wähler in einer weiteren Volksabstimmung für Unabhängigkeit Algeriens vom Mutterland Frankreich (Schmid 1998: 115).

Dennoch wollten auch hochrangige Teile der Armee diese Preisgabe Algeriens nicht akzeptieren. So kam es in der Nacht vom 21. auf den 22. April 1960 zum Putsch der Generäle Salan, Challe, Jouhaud und Zeller in Algier, der aber schnell niedergeschlagen wurde. Gleichzeitig begann der Terror der OAS (Organisation der geheimen Armee). In dieser Organisation wurden die Teile des Militärs aktiv, die sich der Perspektive des Rückzuges aus Algerien durch den Gang in den Untergrund widersetzten wollten. Im März 1962 zählt man in Algerien 50 OAS-Anschläge pro Tag. Aber auch die französische Metropole blieb von den Anschlägen nicht verschont und es gab sogar Pläne für Mordanschläge auf de Gaulle selbst (Chebel d'Appollonia 1988: 304-307).

Doch der Kampf um Algerien nutzte der radikalen Rechten nicht. Die Franzosen waren der Folgen des Kolonialkrieges müde und wurden durch die terroristische Gewalt in ihrer Haltung nur noch bestärkt. Stattdessen engagierten sich viele der Sympathisanten in der gaullistischen Bewegung (Schmid 1998: 116). So entsprach de Gaulles V. Republik mit ihrer hierarchischen Ordnung, die den Präsidenten zum »republikanischen Monarchen« auf Kosten der Parteien und des Parlaments machte, dem Wunsch vieler autoritärer Rechter. Gleichzeitig gelang es ihm in den Augen vieler Franzosen, Frankreich nach der schmachvollen Niederlage von 1940 wieder zu nationaler Größe (»la grandeur«) zu führen. Gleichzeitig stand er für nationale Unabhängigkeit, besonders von den USA (Winock 1998: 173).

**Die Episode Tixier-Vignancour
und der Beginn der Neuen Rechten**
Nach dem Abklingen der Algérie-Française-Bewegung begann eine Gruppe junger Aktivisten, sich aus der unmittelbaren politischen Arbeit zu verabschieden und ihre Arbeit in den vorpolitischen Raum zu verlegen. Dieser Flügel sollte später den harten Kern des GRECE, eines Verbundes von jungen intellektuellen Ultrarechten, die nicht mehr in erster Linie aktionsorientiert, sondern theoretisch wirken wollten, bilden. 1968 organisierten sich in Form eines Vereines. Diesem ging es um eine ideologische Erneuerung der Ultrarechten, deren Nur-Aktivismus sich mit dem Scheitern der Algérie-Française-Bewegung gezeigt habe. Es ging darum, Abschied zu nehmen von einem franzö-

sischen Nationalismus. Stattdessen gelte es, einen europäischen Nationalismus zu schaffen (Chebel d'Appollonia 1988: 308-311). Es sollte allerdings noch bis in die 1970er Jahre dauern, bis ihre Thesen Widerhall im eigenen politischen Umfeld finden sollte.

Ein anderer Flügel blieb politisch aktiv und wollte mit dem Juristen Tixier-Vignancour, dem Leiter des Radiodienstes während der Vichy-Jahre, bei den Präsidentschaftswahlen 1965 antreten. Außerdem hatte er Putschgeneral Raoul Salan vor Gericht verteidigt. Dadurch konnte Tixier-Vignancour zwei Gruppen zusammenführen. Einerseits die kollaborationistische Rechte und andererseits die Gegner der Entkolonialisierung in den Reihen der Armee, die der Résistance nahegestanden hatten (Schmid 1998: 117).

Und diese Stoßrichtung schien Erfolg zu haben. Bei den Pariser Kommunalwahlen im Frühjahr des Wahljahres 1965 erhielten die Kandidaten, die von Tixier-Vignancour unterstützt wurden 10 Prozent. Programm: Lohnerhöhungen, Steuersenkungen, Rente ab 60, Abschaffung der Autobahngebühren – alles finanziert durch den Stopp der Zahlungen an Algerien. Zusätzlich sollten alle OAS-Täter amnestiert und der US-Krieg in Südvietnam unterstützt werden. Der Wahlkampfleiter Tixiers war ein alter Bekannter: Jean-Marie Le Pen. Im Sommer 1965 wurden Tixier 19 Prozent prognostiziert. Aber dessen Versagen im neuen Medium Fernsehen und ein weiterer konservativer Kandidat als Alternative zu de Gaulle sorgten dafür, dass er am 5. Dezember 1965 »nur« 5,27 Prozent der abgegebenen Stimmen erhielt (Schmid 1998: 119).

Danach fiel diese Bewegung wieder auseinander. Tixier-Vignacour suchte den Anschluss an das konservative Milieu und distanzierte sich von seinen ultrarechten Unterstützern. Diese versuchten noch, mit einigen Kleinstparteien Wahlerfolge zu erzielen, blieben aber erfolglos (vgl. Schmid 1998: 121). Trotzdem sollte es nur wenige Jahre dauern, bis mit dem Front National eine neue Partei am äußersten rechten Rand entstehen sollte.

3.
Geschichte, Akteure und Programmatik des Front National

3.1
Zur Gründungsgeschichte des »Front National«

Der Erfolg des faschistischen MSI, der 1972 bei den italienischen Parlamentswahlen 1972 8,7 Prozent erzielt hatte, ließ die Hoffnungen des ultrarechten Lagers in Italien auf eine erfolgreiche neue Rechtspartei steigen, war es dem Vorsitzenden Almirante im Vorfeld der Wahlen doch gelungen, ein Spektrum von Unterstützern zu gewinnen, das von Monarchisten bis zu Christdemokraten und sogar Liberalen gereicht hatte (Dézé 2012: 41). Diese Strategie der nationalen Rechten war auf dem 9. Kongress des MSI 1971 in Anwesenheit von François Duprat, einer der zentralen Figuren des frühen FN, beschlossen worden. Duprat popularisierte danach die Idee einer Nationalen Front auch innerhalb der französischen Ultrarechten (Dézé 2012: 41).

Für Duprat war der Erfolg des MSI ein Beweis, dass es nicht nur möglich sei, »Nationale und Nationalisten dazu zu bringen, einen gemeinsamen Block zu bilden, sondern ihm auch noch tausende Stimmen von Rechts- und Mittewählern hinzuzufügen« (Dézé 2012: 41). Die Gründer des FN, die die Partei am 5. Oktober 1972 aus der Taufe hoben, versuchten diese Entwicklung auch in Frankreich anzustoßen. So verzichtete man für die neue Partei offiziell auf Symbole, die sie in die Nähe faschistoider Organisationen rücken könnten. Das Parteisymbol, das eine blau-weiß-blaue brennende Fackel zeigte, lieh man sich dagegen direkt vom MSI aus, wo die Fackel rot-weiß-rot brannte (Dézé 2012: 43).

Allerdings darf nicht unerwähnt bleiben, dass der »Front national« (so die Originalschreibweise, d. Verf.) eigentlich ursprünglich nur eine Tarnorganisation der neofaschistischen Organisation Ordre Nouveau (ON) war. Diese Organisation war als Nachfolger der 1968 verbotenen aktivistisch und terroristisch orientierten Gruppe Occident (Abendland) entstanden. Der Name der neuen Organisation, die nun parteiförmig agieren wollte, leitete sich von einer Rechtsabspaltung der italienischen Postfaschisten »Ordine nouvo« ab (Gautier 2009: 195).

Gleichzeitig stand nun mit Jean-Marie Le Pen ein Mann an der Spitze, der durch seine Aktivitäten in der nationalistischen Rechten schon seine ideologische Zuverlässigkeit bewiesen hatte. Er verfügte durch seine Zeit als Abgeordneter in den Augen Duprats auch über genügend politische Erfahrung, Der wichtigste Grund, der für Le Pen sprach, war allerdings sein legalistisches und gemäßigtes Auftreten, das in den Augen des Gründungskreises der Partei zur Glaubwürdigkeit des Projektes FN beitragen würde (Dézé 2012: 40). Um die herausgehobene Stellung Le Pens zu dokumentieren, wurde sogar ein Name für die neue Partei gewählt, der die Rolle Le Pens im rechtskonservativen Milieu betonen sollte. So nahm der Name Front national offiziell Bezug auf die beiden Organisationen, die Le Pen in den späten 1950er und frühen 1960er Jahren an führender Stelle mit geleitet hatte. Dies waren besagter »Front national des combattants« und der »Front National pour l'Algérie Française« (Dézé 2012: 43).

Die Idee der Nationalen Front hatte allerdings noch eine tiefere Bedeutung. Sie sollte der Versuch sein, alle rechten Kräfte auf Basis eines Kompromisses zu einigen und eine endgültige Klärung über die ideologische Ausrichtung der Rechten erst nach dem Sieg über die Linke und die Republik herbeizuführen (Lebourg/Beauregard 2012b: 144). Demzufolge vermied man es in den frühen Wahlkampagnen, in irgendeiner Form offenen Rassismus oder allzu deutlich den eigenen positiven Bezug auf Faschismus öffentlich darzustellen. Viel lieber bediente man sich einer demagogischen Rhetorik. Man argumentierte gegen das »korrupte Regime« und den »den zerstörerischen Kommunismus« und versuchte, sich als »nationale, soziale und volksnahe Rechte darzustellen« (Dézé 2012: 43).

Außerdem präsentierte man nach der Parteigründung ein im Ton zwar gemäßigtes, aber in der Grundorientierung klar konservatives Programm, das sich mit den grundlegenden gesellschaftlichen und ökonomischen Fragen befasste. Dabei sorgte insbesondere das Bekenntnis zum Wirtschaftsliberalismus zu Verstimmungen mit der nationalrevolutionären Basis von ON, die den Versuch, sich innerhalb des politischen Systems zu etablieren, nicht ohne weiteres mittragen wollte (Dézé 2012: 44).

3.2
Die Strömungen innerhalb des FN

ON und seine unumstrittene Führungsfigur François Duprat waren also die Initiatoren und frühen Taktgeber des Projektes Front national. Getragen wurde diese Idee der Gründung einer ultrarechten Sammlungsbewegung von der Erkenntnis, dass der militante Aktivismus der vor allem jungen, rechtsnationalistischen Akteure die wachsende Bedeutung der Linken nicht hatte verhindern können (Gautier 2009: 93).

ON verstand sich als nationalrevolutionäre Bewegung, die sich als Bewahrer des Abendlandes sah, weshalb als Symbol der Organisation das Keltenkreuz gewählt wurde, welches in den Worten des Generalsekretärs von ON das »älteste abendländische Symbol« überhaupt sei. Für die politischen Köpfe von ON war somit klar, dass die neue Gesellschaft, die sie sich wünschten, natürlich keine egalitäre sein konnte. Regieren sollte eine »von den lebendigen Kräfte der Nation ausgewählte« Elite. Diese sollte natürlich weiß sein (Gautier 2009: 202).

Demzufolge stand auch auf der Tagesordnung, dem jüdischen Einfluss in der Ökonomie und den Medien Einhalt zu gebieten. Einwanderung, die die natürliche Vorherrschaft des »weißen Mannes« gefährdete, war zu unterbinden. All das konnte nur durch die nationale Einheit, also auch die Kooperation zwischen Arbeit und Kapital gelingen. Dort, wo von Ungleichheit als Grundpfeiler der Gesellschaft ausgegangen wird, durfte natürlich auch die Betonung des Ideals von Leistung und Opferbereitschaft nicht fehlen (Gautier 2009: 204). »Man fand nichts Neues im Programm von ON. Nur die Wiederaufnahme der alten Themen und der klassischen Floskeln der extremen Rechten (...)« (Gautier 2009: 204). Dennoch kam für Duprat und ON nur ein »revolutionäres« Image für die eigene Organisation in Frage, da man davon ausging, die Massen, also die »classes populaires«, die Volksklassen, nur durch ein antibürgerliches, antisystemisches Auftreten gewinnen zu können. Ebenso setzte ON im Programm des FN die Forderung nach einem Volkskapitalismus durch, was beinhaltete, dass sämtliche Monopole privater und staatlicher Art zu niedrigen Preisen oder als Geschenk »an das französische Volk« zurückgegeben werden sollten (Lebourg 2008: 4). Ein zentraler »kleinbürgerlicher« Punkt der Programmatik, der den Antikommunismus der Partei ergänzte, machte deutlich, dass weiterhin in ökonomischen Fragestellungen Widersprüche zwischen der klassischen Rechten und rechtsnationalistischen Milieus bestanden.

Ordre nouveau versuchte in der Folgezeit, als eigenständig erkennbare Organisation innerhalb des FN zu wirken, allerdings ohne sich aufzulösen. Schrittweise wurde auf alle Symbole und Bezüge verzichtet, die in irgendeiner Form kompromittierend wirkten (Dézé 2012: 46). Man setzte darauf, den FN zu einer Partei zu machen, die alle Sektoren der Gesellschaft erreichen wollte. Im Geiste schwebte Duprat eine klassenübergreifende Wählerschaft vor (Lebourg/Beauregard 2012a:95).

Der Versuch der Schaffung einer großen rechtsnationalistischen Partei scheiterte in den 1970er Jahren allerdings dennoch. Zwar versuchte man innerhalb des FN, den Spagat zwischen dem gemäßigten rechtsbürgerlichen Forderungskatalog des FN und dem jugendlichen Rechtsradikalismus der Basis von Ordre nouveau herzustellen. So wählte man Wahlslogans, die die Assoziationen zu faschistoiden und hypernationalistischen Bewegungen wie die Action Française oder Parti Populaire Français (siehe vorheriges Kapitel) ermöglichen sollten (Dézé 2012: 47). Da allerdings die Wahlerfolge ausblieben und der wahrgenommene Verlust der eigenen Identität durch die Orientierung auf Wählbarkeit zu hoch schien, verließen viele Mitglieder den FN.

Verschärft wurde dieser Trend durch die Entscheidung der Parteiführung, ON im FN aufgehen zu lassen. Der Verlust an Aktiven wurde zwar erst einmal aufgefangen. Doch für die nächsten Jahre strömten, durch Duprat initiiert, noch rechtere neofaschistische Elemente in die Partei (Dézé 2012: 56ff).

Ab 1977 wurde durch Duprat der Versuch, die Arbeitermilieus zu erreichen, erneut verschärft. Allerdings nicht durch die Forcierung des Antikommunismus, sondern durch das Lancieren einer Kampagne gegen die Einwanderung. Der Leitspruch lautete: »Eine Million Arbeitslose sind eine Million Einwanderer zu viel« (Lebourg/Beauregard 2012a: 100). Duprat ließ sich dabei von der Vorstellung leiten, der FN könnte für sich den gleichen Zuspruch in der (kommunistischen) Arbeiterklasse generieren, wie es der britische Tory mit Enoch Powell und seinem scharfen Anti-Einwanderungsdiskurs unter den Labour wählenden Arbeitern Großbritanniens in dieser Zeit geschafft habe (Lebourg/Beauregard 2012a: 98). Die Arbeitermassen sollten dann die Massenbasis bilden, die sich nach einem Wahlsieg der Linken bei den Parlamentswahlen 1978 erheben würde, um die Wiederherstellung von Ruhe und Ordnung zu fordern. Das wäre dann eine Aufforderung an das Militär gewesen, die Macht an sich zu reißen und eine nationalistische Regierung, bestehend aus einer rechten Einheitsregierung, einzusetzen (Lebourg/Beaurgard 2012a: 94).

Der Tod François Duprats 1978 durch ein niemals aufgeklärtes Autobombenattentat führte zum Rückzug der Nationalrevolutionäre aus der Partei (Balent 2008: 11). An deren Stelle traten die »Solidaristen«, eine kleine Gruppe von Aktivisten um Jean-Pierre Stirbois. Diese beriefen sich auf eine Schrift des Linksliberalen und späteren Ministerpräsidenten Léon Bourgeois unter dem Titel »Solidarité«. Darin forderte dieser eine soziale Reform der französischen Republik auch durch staatliche Interventionspolitik (Camus 1998: 132). Allerdings nicht, um den Sozialismus oder die Arbeiterbewegung zu stärken. Ungleichheit und das Privateigentum wurden nicht abgelehnt und daher war der Solidarismus vor allem dazu gedacht, den nationalen Zusammenhalt und die Zustimmung zur Republik (»die große Freundschaft«) der »Assoziierten« zu stärken. Da die konkrete Ausführung sehr unbestimmt blieb, wirkte der Solidarismus vor allem ideentheoretisch nach (Lebourg/Beauregard 2012a: 107). So soll zeitweise unter den Militärs im Algerien der späten Kolonialphase mit Bezug auf den Solidarismus die Idee eines agrarisch und autoritär geprägten Nationalkommunismus bestanden haben (Lebourg/Beauregard 2012a: 109).

Der starke korporatistische und nationale Charakter machte diese Idee also vor allem für die nationalistische Rechte interessant. Zumal man damit auch eine Selbstdefinition zur Hand hatte, mit der man sich klar von üblichen Kampfgefährten abgrenzen konnte. Der spiritualistische Aspekt des Solidarismus war aber auch für rechte Katholiken interessant. Dies machte den Weg frei für die »Nationalkatholiken«, die ab 1979 vermehrt in den FN eintraten. Die Bezugspunkte waren Jeanne d'Arc oder Clodwig. Dies waren die Motive der »kämpfenden Christenheit« seit den Zeiten der »Anti-Dreyfus-Bewegung« (Lecoeur 2003: 45). Zwar bekannte sich der FN niemals dazu, eine konfessionelle Partei zu sein, doch die katholische Kirche wurde als ein zentraler Bestandteil der nationalen Tradition angesehen, weshalb man innerhalb des FN immer darauf bedacht war, politische Veranstaltungen mit einer Messe beginnen zu lassen (Davies 1999: 29).

Das politische Augenmerk seiner wichtigsten Vertreter Bernard Antony und Romain Marie war darauf gerichtet, die politische Aktion mit der sozialen und moralischen Doktrin der der traditionellen Römisch-Katholischen Kirche zu verbinden. Mit Erfolg. Die politische Programmatik hatte bald eine kräftige katholische Orientierung. So übernahm man die Sicht der katholischen Kirche in der Familienpolitik. Damit einhergehend folgte die Ablehnung der Verhütung und der Abtreibung. Noch viel wichtiger aber war der Glaube an die Überlegenheit des »christlichen Europas« gegenüber dem Islam, mit dem ein unvermeidlicher Konflikt bevorstehe. Nur mit einer gesunden katholischen Kirche als Bollwerk könne Frankreich gegen die drohende tödliche Gefahr standhalten (Davies 1999: 29).

Auch schien die Sicht des FN auf die Französische Revolution wenigstens teilweise von den nationalen Katholiken beeinflusst. Seit seiner Gründung 1972 hatte der Front National die Französische Revolution konsequent verdammt. So hatte die Mitgliederzeitschrift »National

Hebdo« während der Revolutionsfeierlichkeiten 1989 eine Sonderbeilage herausgebracht, in der die Autoren die Revolution als »Feldzug gegen die katholische Kirche« darstellten, deren einziges Ziel die »Zerstörung der Kirche gewesen« sei. Stattdessen sei »die Gefolgschaft zum Französischen Frankreich, samt seinen Helden und Heiligen« das Gebot der Stunde gewesen. Die Dechristianisierung und der Antikatholizismus waren also die Gründe der Nationalkatholiken, sich im Front zu organisieren und diesem, laut Bourseiller, eine klare antidemokratische Botschaft formulieren zu lassen (Bourseiller 1991: 85).

Eine dritte Gruppe, die ab Beginn der 1980er Einfluss auf die programmatische Entwicklung des FN zu nehmen begann, waren die Vertreter des GRECE bzw. der Neuen Rechten. Entstanden war das GRECE ab Ende der 1960er Jahre als metapolitischer Think Tank, der auf die Schwäche der Ultrarechten in der damaligen Zeit reagierte (Lecoeur 2003: 45). Man wollte eine Gemeinschaft des Denkens und Arbeitens schaffen, die in der Lage wäre, eine neue Gegenkultur von rechts zu entwickeln. Dazu berief man sich auf Gramsci, der gezeigt habe, dass vor der politischen Machtübernahme die kulturelle Hegemonie erobert werden müsse. Daran sei die alte reaktionäre Rechte gescheitert da, da sie keine geeignete Methodologie besessen habe (Chebel d'Appollonia 1988: 320).

Das GRECE wollte an »moderne« US-amerikanische Forscherdebatten über die Vererbbarkeit von Intelligenz anknüpfen. Diese sollten der erstrebten Überlegenheit eines autoritären Europas unter der Führung der weißen Rasse eine wissenschaftliche, kulturelle und philosophische Basis verschaffen (Schmid 1998: 156). Als Grundlage für ein (nicht-christliches) rassistisches Europa wurden die Arbeiten des Religionswissenschaftlers Dumézil über die Indoeuropäer herangezogen, die zu Vorfahren dieser angestrebten europäischen Zivilisationsgemeinschaft erklärt wurden (Monzat 1992: 230).

Der Name GRECE war nicht zufällig gewählt. Die Bezugnahme auf Griechenland sollte an die vorchristlichen »Wurzeln der europäischen Zivilisation« anknüpfen, deren authentische europäische Identität durch das Eindringen des »judéo-christianisme« verfälscht worden sei, welcher letztlich durch seine falsche Grundidee von der Gleichheit aller Menschen vor einem Gott zur Quelle von schädlichen Werten wie Demokratie und Gleichheit geworden sei. Bereits seit 1970 existierte innerhalb des GRECE eine Traditionskommission. Diese hatte die Aufgabe, die christlichen Traditionen im neu-heidnischen Sinne umzugestalten, um sie in die Lebenspraxis der Mitglieder einfließen zu lassen. In den bürgerlichen Pariser Arrondissements verkaufte die GRECE-Jugendorganisation zum Jahresende einen Kalender, in dem sämtliche Kalendernamen jüdisch-christlicher Herkunft durch solche keltisch-germanischen bzw. griechisch-lateinischen Ursprungs ersetzt worden waren (Schmid 1998: 159).

Seit 1974 existierte ein Ableger, der Club de l'Horloge (Uhrwerksclub). Dieser warb in der hohen Beamtenschaft und unter den Studierenden der Elitehochschulen und gewann schnell 120 Mitglieder. Ziel seiner Gründer war es, laut Jean-Yves Le Gallou, die Rechte gegen die sich im Aufwind befindliche Linke ideologisch neu auszurüsten. So wollte man den angehenden hohen Funktionären Gegenargumente gegen den Egalitarismus, den Multikulturalismus und den vorherrschenden Migrationsdiskurs der Linksparteien liefern (Laurent 2014: 76).

Einmal examiniert, sollten die Jungfunktionäre die neurechten Ideen in den französischen Verwaltungsapparat einfließen lassen. Ein besonders harter Kern bildete sich an der ENA heraus und zwei der wichtigsten Funktionäre des frühen FN sollten aus diesem Diskussionszusammenhang hervorgehen (Laurent 2014: 76).

Bis heute finden sich immer wieder Veröffentlichungen aus dem FN-Umfeld in den Zeitschriften der Elitehochschulen. Da die Absolventen-Netzwerke dieser Eliteschulen allerdings nach außen sehr verschwiegen agieren, sind Arbeiten über den wirklichen Einfluss der Ultrarechten in den Verwaltungsspitzen kaum vorhanden (Laurent 2014: 77).

Über das GRECE gibt es dagegen mehr Klarheit, obwohl dessen innere Organisationsstruktur samt Namen der Führungsgremien und Mitgliedschaft vor der Öffentlichkeit geheim gehalten wurden und im Zweifelsfall die Zugehörigkeit einfach abgestritten wurde. Selbst Alain de Benoist, Führungsfigur des GRECE, publizierte seine Artikel unter

Pseudonymen. Er hat die Zuordnung »rechts« zurückgewiesen und erst 1977 akzeptiert (Schmitt 1998: 159). Wie erfolgreich das GRECE so den Entrismus, das gezielte Eindringen, in das Lager der Rechten praktizierte, zeigte sich 1979, als im Rahmen einer Presskampagne herauskam, dass es dem GRECE gelungen war, die Chefredakteursposten der Wochenendausgabe des rechten »Figaro« und auch des Wirtschaftsblattes »Valeurs Actuelles« zu besetzten. Gleichzeitig wirkten Vertreter des »Club de l'Horloge« als Ghostwriter mehrerer Bücher liberal-konservativer Minister der 1970er Jahre und waren selber in höchsten Führungsämtern der UDF und der RPR aktiv (Schmid 1998: 160). Zusätzlich hatten sie leitende Funktionen in Ministerien inne (Laurent 2014: 91).

Die entscheidende Bruchstelle zwischen den Intellektuellen um Benoist und den Technokraten des Club de l'Horloge um Bruno Mégret und Yves Le Gallou war die Frage nach der Bereitschaft, sich parteipolitisch zu engagieren. Während erstere weiterhin außerhalb der unmittelbaren politischen Auseinandersetzung bleiben wollten, waren letztere bereit, sich parteipolitisch zu betätigen und vor allem ihre offene antichristliche Orientierung aufzugeben, die das GRECE in den (scheinbaren) Widerspruch zur katholischen Fraktion brachte. Kaum zeichnete sich der politische Durchbruch des FN ab, verließen die Technokraten das GRECE und die klassischen Rechtsparteien und traten zwischen 1982 und 1986 dem FN bei, wo sie zu führenden Intellektuellen aufstiegen. Sie teilten aber auch nicht den Antiliberalismus und den Traditionalismus der extremen Rechten. Ihnen ging es um die Verbindung von Neoliberalismus, Nationalismus und nationaler Identität (Laurent 2014: 80).

Von Anfang an versuchten sie auch innerhalb des aufstrebenden FN, eine Strategie zur Erringung der kulturellen Hegemonie umzusetzen. Sie wollten dabei einen »Kampf um Begriffe« führen (Alduy/Wahnich 2015: 19). Nur eine »semantische Offensive« (Bruno Mégret) könne helfen, den Kampf der Ideen zu gewinnen, denn, so führte Mégret in einem Redebeitrag auf einem Seminar 1982 aus, aus dem Nicolas Lebourg und Joseph Beauregard zitieren: »Worte sind eine existenzielle Waffe im politischen Kampf (...), die dafür genutzt werden müssen, dem Einfluss marxistischer Ideen der 1970er Jahre entgegenzutreten und die Sprache der konservativen Rechten zu erneuern. Deshalb darf man nicht mehr von »Nationalisierung« sprechen, sondern muss sie »Verstaatlichungen« nennen. Außerdem darf nicht mehr vom »Rechts/Linksschema die Rede sein, sondern vom Widerspruch Sozialismus/Republikanismus« (Lebourg/Beauregard 2012a: 152). Mégret, der der Kopf dieser Strömung war, hielt es für besser, die Delegitimierung des »bevormundenden und totalitären Sozialstaates« mit positiv besetzten Gegenbegriffen aus der republikanischen Ideengeschichte zu rechtfertigen. So wurde aus dem »Konservatismus« der »Reformismus«. Mégret riet seinen Unterstützern sogar: »Es macht einen guten Eindruck, oft Danton oder Robespierre zu zitieren, denn das ermöglicht es, die Herzen der Franzosen zu erreichen« (Lebourg/Beauregard 2012a:153).

Zur Systematisierung dieser Strategie gründeten Mégret und Le Gallou 1988 einen Wissenschaftsrat, dessen Mitglieder nur zum kleinsten Teil aus dem Umfeld der extremen Rechten stammten (Dézé 2012: 87). Ab den frühen 1990er Jahren wurde eine eigene Propagandaabteilung gegründet, die den Mitgliedern Formulierungsvorschläge an die Hand gab. So wurden Begriffe, die einen marxistischen Impetus hatten oder aber die Menschenrechte betonten, aus dem Vokabular des Front National gestrichen (Alduy/Wahnich 2015: 21). Stellvertretend für diese Strategie stehen folgende Worte, die ein Artikel der Tageszeitung Le Monde vom 10.Mai 1990 aus einem offiziellen Schreiben Mégrets an die Mitglieder des FN zitiert. Céline Alduy und Stéphane Wahnich übernehmen diesen Abschnitt wörtlich: »Ein Mitglied des FN sagt nicht ›Massen‹, sondern ›Volk‹, ebensowenig ›Klasse‹, sondern ›sozioprofessionelle Kategorien‹ oder »die Franzosen, die arbeiten‹. Man spricht auch nicht mehr von ›Klassenkämpfen‹, sondern dem ›Kampf um die Existenz‹, außerdem nicht mehr vom ›Sinn der Geschichte‹, sondern den ›Unwägbarkeiten‹, weder benutzten wir das Wort ›Unternehmer‹ noch ›Besitzender‹. An diese Stelle setzten wir ›Arbeitgeber‹ und ›Besitzer‹. (...). An die Stelle des ›individualisierten, entmenschlichten‹ Wesens setzt der Front National den ›verwurzelten Menschen‹, der Erbe einer Kultur und Abstammung ist.

Demzufolge treten an die Stelle des ›Universalismus‹ in den Reden des FN Begriffe wie »Kosmopolitismus‹ und ›Globalisierungskult‹, an die Stelle der ›Gleichheit‹ der Begriff ›Gleichmacherei‹, Verwaltung wird zur ›Bürokratie‹, ›die Menschenrechte‹ zu ›Pflichten und Aufgaben der Bürger‹ und die ›Gesellschaft‹ zur ›Gemeinschaft‹« (Alduy/Wahnich 2015: 21 f.). Diese Strömung stand also für einen »identitären neoliberalen Kurs«, mit modernem und intellektuell durchdachtem Anstrich. Sie brachte als »ideologisches Kernstück« die »préférence nationale« (»Nationale Bevorzugung«) mit, die ab 1990 programmatisch bestimmend wurde. (Davies 1999: 33).

Ebenfalls einflussreich und organisatorisch stark vertreten innerhalb des FN waren die Veteranen der Algérie-Française-Bewegung. Ihre Bedeutung innerhalb der Partei war deshalb vor allem eine emotionale, da sie die nostalgischen Gefühle für den Kolonialismus und Frankreichs Größe aufrechterhielten. Denn »ein Volk ohne Erinnerungen sei ein Volk ohne Zukunft«, wie man in ihren Reihen zu sagen pflegte. Verständlicherweise ging mit dieser Nostalgie für den »französischen Imperialismus« auch ein starker Glaube an das französische Militär einher (Davies 1999: 31). Deshalb war es fundamental wichtig, das Gefühl der Zusammengehörigkeit von Volk und Armee zu stärken (Balent 2012: 30). Denn die Armee sei die Elite der Nation, weil sie, um es in den Worten des FN von 2012 zu formulieren, »die Werte verkörpere, die die französische Nation groß gemacht haben: Den Patriotismus, den Opfergeist, die Solidarität, den Mut«. Und auch, weil die Armee den Zugang zu den Reichtümern Afrikas geschaffen hatte. Denn laut FN hätte Algerien allein dank seines Öls, seiner fruchtbaren Böden und seiner touristischen Möglichkeiten das »Kalifornien Frankreichs werden können« (Balent 2008: 25).

Umso verständlicher war auch die große Präsenz der Algerienfranzosen (Pieds-noir) in der Partei, die mit dem Cercle national des rapatriés (CNR) (»Nationaler Zirkel der Renationalisierten«) seit 1987 über eine eigene Unterorganisation verfügen. Damit wollte sich der Front National als Vertreter aller heimgekehrten Pieds-noirs präsentieren. Laut dem Historiker Peter Davies, der während der 1990er Jahre etliche FN-Veranstaltungen besuchte, waren es die Algerie-française-

Vertreter, die für ihre Redebeträge den kräftigsten Beifall erhielten (Davies 1999: 31).

Man kann deshalb davon ausgehen, dass diese Veteranen ebenfalls einen gewissen Einfluss auf die Ausarbeitung des nach wie vor aktuellen antiislamisch geprägten migrationspolitischen Diskurses hatten. So wies Le Pen bereits 1984 darauf hin, dass der Untergang »des französischen Algeriens« das Entstehen eines »algerischen Frankreichs« zur Folge hätte; »kolonisiert« von »nordafrikanischen Einwanderern« (Davies 1999: 31). Laut Davies, war dieser Antiislamismus auf das »gestörte Verhältnis« des FN zu Nordafrika, auch auf die »Dekolonisierungskrise der 1950er und 1960er Jahre zurückzuführen. Die Bitterkeit und Antipathie, die noch aus den Jahren des Kolonialkrieges in Algerien stammte, hat den Migrationsdiskurs der Partei deutlich beeinflusst. Die Preisgabe Algeriens sei, laut FN, ein Verrat an der Integration der Nation und ihrer Größe. Aus dem »französischen Kaliforniens« sei die »Zentrale der Subversion« geworden (Davies 1999: 154; Balent 2008: 25).

Doch eine weitere Tradition, die oft übersehen wird, ist die kleinbürgerlich-poujadistische, die vor allem auf den Schutz der Kleinunternehmer drängte. Diese Tradition war eine ganz zentrale, wie sich im nächsten Abschnitt zeigen wird, das sich mit den programmatischen Aspekten des FN vor der Jahrtausendwende beschäftigen wird.

3.3
Die programmatischen Eckpunkte der Partei (1972–1998)

Die Krise des Kleinunternehmertums – Zentrale Thematik des FN

Seit seiner Gründung 1972 stand der Front National öffentlich dafür ein, vor allem die Interessen der kleinen Geschäftsleute und Unternehmer vertreten zu wollen. In der Literatur wird dafür auf die poujadistische Vergangenheit des Parteichefs Le Pen verwiesen (Birnbaum 1993: 355). So hätten die Rechtsregierungen eine Politik des technokratischen Kollektivismus betrieben, die für Dekadenz und moralischen Zerfall Frankreichs verantwortlich seien, was ein Auslöschen der traditionellen Mittelschichten zur Folge habe. Zwar würden sich die Vertreter der bürgerlich-republikanischen Rechtsparteien als Liberale darstellen, wie es Jean-Marie Le Pen während der 1970er Jahre in seinen Pamphleten immer wieder zum Besten gab. Schuld war für den FN vor allem die hohe Steuerbelastung der Kleinunternehmen (Ruffier 2014: 28). Le Pens Kritik bezog sich hier ganz eindeutig auf die zentralstaatlich gelenkte Modernisierungsstrategie de Gaulles in den 1960er Jahren.

Wie im vorherigen Kapitel bereits dargestellt wurde, ist die politische Orientierung eines Teils des Kleinbürgertums nach rechts außen aber kein Phänomen der Nachkriegszeit, sondern typisch für Krisenzeiten, in denen die Angst vor dem ökonomischen und sozialen Abstieg vorherrscht. Dennoch war bis zum Jahr 1983 der FN mehr oder weniger eine marginale politische Kraft gewesen, die aber langsam von der Radikalisierung der traditionellen Mittelschichten zu profitieren begann. Für diese Gruppen waren der Regierungsantritt François Mitterrands und die Regierungsbeteiligung des PCF ein wirkliches Trauma gewesen; besonders die Umsetzung der angedrohten Nationalisierungen von Banken und Industriekonzernen. Bereits Ende des Jahres 1981 setzten die Demonstrationen der Interessengruppen der Bauern und kleinen Unternehmer ein, denen sich bald die Ärzte anschlossen. Diese Proteste richteten sich zwar in erster Linie gegen die Politik der Linken, waren aber auch Ausdruck einer wachsenden Autonomie gegenüber der klassischen Rechten, die die eigentliche Interessenvertreterin der Belange der kleinen Unternehmer gewesen war (Bihr 1998: 55).

Die Politik der Rechtsregierungen der 1950er bis 70er Jahre war für das französische Kleinbürgertum mit einer wachsenden Gefahr des sozialen Abstieges verbunden gewesen. So hatte in den 1960er Jahren unter de Gaulle eine Phase der Modernisierung der französischen Ökonomie begonnen. Getragen von den Wachstumsraten der »Trentes Glorieuses« (damit sind die »goldenen dreißig Jahre« zwischen 1949 und 1974 gemeint, die sich durch hohe volkswirtschaftliche Wachstumsraten und Vollbeschäftigung auszeichneten), begann der französische Staat damit, die Wirtschaftsstruktur massiv umzubauen. So wurde in den Bereichen, die als rückständig betrachtet wurden, – hier wurde insbesondere der Agrarsektor in den Blick genommen –, Konzentrationsprozesse angestoßen, die Betriebsgrößen ermöglichen sollten, die der internationalen Konkurrenz würden standhalten können. Gleichzeitig wurden, staatliche gelenkt, neue Industriesektoren, wie die Elektro- und Informationsindustrie, aber auch Sektoren, die für die nationale Verteidigung als zentral angesehen wurden, mit finanziellen Mitteln ausgestattet. Ziel war die Bewahrung und der Ausbau der nationalen Souveränität, wie es dem Leitbild des Gaullismus entsprach (Tabuteau 2011: 136).

Damit ging auch eine verstärkte Einbindung der kleinbürgerlichen Betriebe in den kapitalistischen Verwertungsprozess einher. In der Zeit zwischen 1954 und 1975 sank der Anteil der Bauern und Kleinbürger an der Erwerbsbevölkerung von 31% auf nur noch 14% (Bihr 1998: 47). Ein zweiter Schlag traf die kleinbürgerlichen Betriebe ab Mitte der 1970er Jahre mit dem Beginn der Massenarbeitslosigkeit und den ersten Austeritätsprogrammen, die zu einem Sinken der Kaufkraft gerade der Volksklassen führte. In der Folge kam es zum ersten Mal seit den Jahren des Poujadismus wieder zu öffentlichkeitswirksamen Protestaktionen der kleinen Unternehmer.

Das Parteienbündnis zwischen der (wirtschafts-)liberalen Mitte-Rechtspartei UDF (Union pour la démocratie française), die den Großteil derjenigen rechtsrepublikanischen Kräfte organisierte, die in historischer Distanz zum Gaullismus standen (Liberale, Katholiken, antikommunistische Sozialdemokraten) und gaullistischer RPR (Rassemblement pour la République), die bis dahin die dominierende Rechtspartei gewesen war, zerbrach. Während Giscard d'Estaing und die UDF zu liberalen Vertretern der finanzkapitalistischen Fraktion wurden, versuchte die RPR, sich als Vertreterin der nicht-monopolisierten Fraktionen zu präsentieren. Nicht zuletzt dieser Bruch ermöglichte der Linken den Wahlsieg 1981 (Bihr 1998: 51 f.; Bosc 2008: 40). Mit der offenen Hinwendung zum Neoliberalismus im Sinne Thatchers und Reagans von RPR und UDF nach 1981 konnten die kleinbürgerlichen Indépendants verständlicherweise wenig anfangen. Vom Gaullismus, der einst viele zur RPR geführt hatte, war nicht mehr viel übrig geblieben.

Die Wirtschafts- und Sozialpolitik des FN ab 1982

Genau diese Lücke konnte der FN füllen. Zwar genauso antikommunistisch wie UDF und RPR war der FN in seiner Rhetorik und dem politischen Programm den Einstellungen der kleinen Eigentümer aber viel näher. Schon von Beginn an präsentierte sich der FN als Partei, der massiv gegen eine »verstaatlichte Ökonomie« Stellung genommen hatte, für deren Folgen man die traditionellen Rechtsparteien verantwortlich machte (Ruffin 2014: 28).

Zentrale Botschaft des FN war daher, dass die Belastungen für die kleinen Unternehmer reduziert werden müssten. Steuern wären zu senken, die Einkommensteuer am besten ganz abzuschaffen und öffentliche Ausgaben herunterzufahren. Der Staat müsse auf seine normalen Aufgaben zurückgeführt werden. Gleichzeitig sollten die staatlichen Unterstützungsmaßnahmen für kleine und mittelständische Unternehmen verbessert werden. Zusätzlich wurde gegen Supermärkte argumentiert und das Verschwinden des traditionellen Handwerks beklagt (Marcus 1995: 110).

In einem Ende der 1990er Jahre erschienenen Flugblatt zu einer Gemeinderatswahl mit dem Titel »Kleine Geschäftsleute und Handwerker es ist Zeit zu handeln« hörte sich das folgendermaßen an: »Obwohl man sie verachtet, sie mit Steuern verfolgt, sie Opfer von Unsicherheit und wildem Kapitalismus werden, sind Handwerker und kleine Geschäftsleute die Seele der Kleinstädte und Dörfer Frankreichs. Wenn es darum geht, euch zu verteidigen und euch die Möglichkeit zu geben, Arbeitsplätze zu schaffen, ist der Front National an eurer Seite. (…) Ihr wünscht euch ein französischeres Frankreich, das dynamischer, harmonischer, wohlhabender, ruhiger und sauberer ist? Dann müsst ihr die FN-Kandidaten in euren Gemeinden unterstützen, damit eure Vorstellungen siegen können« (Davies 1999: 32).

Die wirtschaftspolitischen Inhalte des Parteiprogramms von 1985, »Pour la France«, zeigten allerdings erst einmal die Orientierung zugunsten der Kapitalseite, also für die Großen deutlich auf. So sollten Wochenarbeitszeiten verlängert, der Mindestlohn abgeschafft und Teilzeitarbeit ausgebaut werden. Darüber hinaus sollte es ein Streikverbot in der Privatindustrie geben, während im öffentlichen Dienst

Gewerkschaften gleich ganz zu verbieten seien. Die Sozialversicherung sollte verschwinden und deren Aufgabe von privaten Versicherungskonzernen übernommen werden (Bihr 1998: 85).

Aber es gab auch spezielle Anreize für die Kleinen. So sollte die Altersbegrenzung für den Ausbildungsbeginn wieder auf 14 Jahre abgesenkt werden. Darüber hinaus sollte die Kleinindustrie von Bürokratie befreit werden, um leichter Arbeitsplätze zu schaffen, und die Unternehmen sollten von der Last der Gewerkschaften befreit werden. Und natürlich sollte die Ansiedelung von Supermärkten unterbunden werden (Bihr 1998: 58).

Wie sehr sich der FN dem Bürgertum zugehörig fühlte, zeigte sich, als Jean-Marie Le Pen 1982 seine »volle Unterstützung« für die Aktion eines von Unternehmern aufgestellten Schlägertrupps erklärte, der eine von Streikenden besetzte Käsefabrik gestürmt hatte. Im selben Atemzug prangerte er die »Komplizenschaft zwischen den revolutionären Elementen bestimmter Gewerkschaften und bestimmten Richtern« im Bereich des Arbeitsrechtes an (Plenel/Rollad 1992: 364-366).

Die Parti Socialiste – Geburtshelfer der Erfolge des FN

Dass der FN einen derartigen Widerhall in der französischen Gesellschaft finden konnte, lag nicht allein am Wirken des FN, sondern vielmehr daran, dass die politische Debatte nach der Wende zur »Politik der Strenge« eine neue Richtung erhielt. Nachdem die Sozialisten der Rechten keine alternative Sozial- und Wirtschaftspolitik mehr anzubieten hatten, versuchten sie deren politisches Hauptthema zu übernehmen, den »Anti-Immigrations-Diskurs« (Schmid 1998: 184). Auslöser waren die Arbeitskämpfe in der Automobilindustrie in den Werken von Aulnay-sous-Bois und Poissy in den Jahren 1982 und 1983. Diese Werke hatten einen besonders hohen Anteil an maghrebinischen Arbeitsmigranten, die auch an der Spitze der Streikbewegungen standen.

Diese Tatsache führte dazu, dass Premierminister Mauroy vom Parti Socialiste die Arbeiter beschuldigte, von »muslimischen Fundamentalisten« agitiert worden zu sein. Gleichzeitig kam es – wie schon 1981 und 1982 – auch im Frühjahr 1983 in den Vorstädten von Paris und Lyon wieder zu Unruhen (Schmid 1998: 185). In den Gemeinderatswahlen von 1983 überboten sich schließlich alle Parteien in ihren Forderungen nach Härte in Sachen der Immigration. Gleichzeitig wurde der liberalen Migrationspolitik, die Mitterrand zum Beginn seiner Amtszeit in die Wege geleitet hatte, ein Ende bereitet. Bereits 1982 wurden 27.000 »illegale« Einwanderer ausgewiesen. Es kam zu einem explosionsartigen Anstieg der fremdenfeindlichen Gewalt. So ereigneten sich zwischen 1980 und 1985 130 rassistisch motivierte Morde. Das Jahr 1983 sah schließlich auch das erste relevante Wahlergebnisse des FN im 20. Pariser Bezirk mit 11,26 Prozent (Plenel/Rolland 1992: 367).

Ein zweiter, viel wichtigerer Punkt war die Tatsache, dass man von Seiten der Parteiführung des PS mit einem starken FN eine dauerhaft gespaltene Rechte erwartete, was den Sozialisten andauernde eigene Mehrheiten ermöglichen würde. Deshalb war es Mitterrand, der persönlich dafür sorgte, dass Le Pen während der Jahre 1982 und 1983 regelmäßig in den politischen Sendungen der Kanäle des Staatsfernsehens auftreten durfte (Schmid 1998: 186f.). Als Le Pen 1984 in die Prominentensendung »L'Heure de Vérité« eingeladen wurde, druckte der FN im Vorfeld der Sendung 15.000 Plakate, die auf diesen Sendetermin hinwiesen. Nach der Sendung stiegen die Wahlabsichten für den FN von 3,5 auf 7 Prozent (Bressot/Lionet 1994: 408f.). Glaubt man den Berichten aus dem inneren Kern der Partei, war diese Sendung auch der Beginn eines Zustroms neuer Mitglieder.

Zur Normalisierung des Front National unter Bruno Mégret
Doch nicht alle Erfolge des FN lassen sich alleine durch das Agieren der Sozialdemokratie erklären. Durch die zentrale Rolle Mégrets wurden auch einige wichtige Neuausrichtungen im FN durchgeführt, die es der Partei tatsächlich ermöglichten, die Attraktivität in bürgerlichen Milieus zu erlangen, die bisher fehlten. Dies lag schon an der Person Mégret selber. Er war Absolvent einer Eliteschule (Ecole polytechnique) und hatte zusätzlich noch erfolgreich ein Studium in Berkeley absolviert. Anschließend war er als hoher Beamter in den Staatsdienst übernommen worden (Lebourg/Beauregard 2012a: 149).

Schnell vernetzte er sich mit den Mitglieder des Club de l'Horloge, die zu diesem Zeitpunkt allesamt in Parteien aktiv waren, die nicht mit der extremen Rechten oder dem FN in Verbindung gebracht wurden, die aber ein enges Netz innerhalb der Eliteschulen gebildet hatten, das Kontakte bis in die höchsten Verwaltungsspitzen hatte (Laurent 2014: 87).

Die akademisch geprägte Biographie Mégrets und seiner nach und nach hinzustoßenden Weggefährten aus der Neuen Rechten führte in der Öffentlichkeit und den Medien nach und nach zu der merkwürdigen Wahrnehmung des FN als einer »erneuerten, moderaten« Partei. Zumal diese neuen Kader keine rechtsextremistische Vergangenheit aufwiesen. Allerdings waren sie in ihren politischen Zielsetzungen nicht weniger radikal als die nichtakademischen Funktionäre des FN (Lebourg/Beauregard 2012a: 158).

Diese Wahrnehmung ermöglichte jene bereits erwähnte Öffnung für neue Mitglieder. So waren 20 der 35 Mitglieder der Parlamentsfraktion von 1986 Neumitglieder, die aus anderen rechten politischen Formationen zum FN hinzugestoßen waren. Dies wurde erreicht durch die Aufstellung einer offenen Liste, die bewusst darauf verzichtete, unmittelbaren Bezug auf die Partei zu nehmen. Man kandidierte deshalb unter dem Namen Nationale Sammlungsbewegung (RN) (Dézé 2015: 23). Was die Attraktivität des FN noch zusätzlich steigern konnte, war die Tatsache, dass ein Großteil dieser Abgeordneten aus dem Bildungsbürgertum stammte (Dézé 2012: 85).

Ein weiterer wichtiger Schritt, der von der Gruppe um Mégret eingeleitet wurde, war der Versuch, sich des »antiintellektualistischen« Bildes zu befreien, dass mit der extremen Rechten verbunden war. Dazu rief man einen Wissenschaftsrat ins Leben. Da etliche Mitglieder tatsächliche eine bedeutende akademische Vita hatten, schien der Versuch des FN, den eigenen Themen eine gewisse »Objektivität« zu verleihen, durchaus von Erfolg gekrönt zu sein (Dézé 2012: 88). Es erstaunt daher auch nicht, dass eines der grundlegendsten Dokumente mit dem Titel »Die Fremden und die Arbeitslosigkeit in Frankreich«, mit dem der FN später die Notwendigkeit der »französischen Präferenz« legitimierte, 1990 durch ein Mitglied dieses Rates vorgelegt wurde (Dézé 2012: 89). Dennoch zeichneten sich der FN dadurch aus, mit Angst Politik machen zu wollen. So konstruierte er in seinen Flugblättern und Plakaten ein allgemeines Klima der Unsicherheit, für das ausschließlich Migranten und die ungebremste Einwanderung verantwortlich gemacht wurden (Dézé 2012: 98).

Dieser Widerspruch zwischen einem moderaten und vermeintlich »rationalisierten« Diskurs einerseits und der Bedienung der eigenen, traditionellen Basis andererseits, die danach verlangte, sie auch weiterhin mit den traditionellen Bezugspunkten der eigenen Parteienfamilie identifizieren zu dürfen, ließ sich nicht auf Dauer verdecken. Es war Jean-Marie Le Pen, der durch seine antisemitischen Ausfälle dazu beitrug, dass die aufgebauten Strukturen innerhalb des rechten Parteienlagers wieder zusammenbrachen und etliche vermeintlich gemäßigte Mitglieder wieder verloren gingen, aber dafür sorgte, dass die »orthodoxen« Mitglieder bei der Stange gehalten wurden (Dézé 2012: 100).

Forderungen nach einem neuen Nationalismus
Der Fall der Mauer und das Ende der Sowjetunion machten den zentralen Punkt der Agitation des FN zunichte: den Antikommunismus. Innerhalb des FN brauchte man ein neues Feindbild. Dieses fand man in der amerikanisch dominierten »Neuen Weltordnung«, der man sich um jeden Preis widersetzten musste. Es galt, die »ethnische Entwurzelung« und die »kulturelle Vermischung« zu verhindern (Lebourg/Beauregard 2012a: 168).

Außerdem begann man, sich mit dem Mangel an politischen Bündnisoptionen und der eigenen Oppositionsrolle zu arrangieren. Mehr und mehr wurde die alte rechtsextremistische Losung populär: »nicht rechts, nicht links«, der man unausgesprochen »sondern national« hinzufügen sollte. Der Sinn dieser Losung war: »Wir sind die einzige wahre französische Partei und wir werden in der Lage sein, die Macht selbst und ohne Partner zu erringen« (Lebourg/Beauregard 2012a: 170).

Ab Anfang der 1990er Jahre tauchten in FN-Programmen nun immer öfter Forderungen nach dem Schutz der französischen Ökonomie auf und es wurde ein neuer Protektionismus gefordert (Camus

1998: 44). Für Mégret sollte die Volkswirtschaft nicht nur individuellen Wohlstand produzieren, sondern dem nationalen Interesse dienen. Deshalb redete man nicht nur einem pragmatischen Protektionismus das Wort, der zu einer patriotischen Ökonomie führen sollte, und kritisierte den Freihandel. Man entwickelte auch die »Préférence National« (Nationale Präferenz). Sämtliche Belange der französischen Ökonomie und Gesellschaft sollten demnach nationalen Interessen untergeordnet sein. Das bedeutete sozialpolitisch die Begrenzung der Leistung der Sozialversicherungen auf Franzosen. Es sollte auch eine Stärkung der pronatalistischen Familienpolitik durchgesetzt werden. So forderte der Front National ab 1992 ein Muttergeld, weitere Steuersenkungen für Familien und ein Familienwahlrecht, denn die Familie war für den FN die Basis der Nation (Davies 1999: 125).

Außerdem wurde eine Einschränkung der Arbeitsmöglichkeit für Migranten gefordert. Diese seien angeblich die Hauptursache der Arbeitslosigkeit. Die Ausweisung der Migranten würde die Nachfrage nach Arbeitsplätzen senken und Arbeitsplätze für Franzosen freimachen. Doch auch wenn der FN wenigstens den Franzosen eine Sozialversicherung zugestand, so sollte sie höchst unsozial finanziert werden: nicht mehr über Sozialversicherungsbeiträge, sondern vollständig über den Konsum, also höhere Mehrwertsteuern, um den Mittelstand weiter zu entlasten. (Tristan/Mozart 2004: 54). Davon wären die unteren Einkommensgruppen hart getroffen worden, für die diese Steuererhöhungen mit einem massiven Kaufkraftverlust einhergegangen wären.

Nach Meinung des FN sollte der Sozialstaat nämlich nicht durch höhere Steuern der Unternehmer und Reichen refinanziert werden. Deren »Belastungen« sollten weiter gesenkt werden. Gleiches galt für den Arbeitsmarkt, der nach dem Willen des Front National weiter dereguliert werden sollte. Auch der öffentliche Dienst sollte zurückgefahren werden und der mehrfach erwähnte Volkskapitalismus endlich Wirklichkeit werden (Camus 1998: 44).

Dass dieser Sicht der Dinge, eine sozialdarwinistische Analyse der menschlichen und zwischenstaatlichen Beziehungen zugrunde lag, mag nicht verwundern. Für den FN war nämlich besonders die Evolution der Völker vor allem ein Kampf um die Existenz (Balent

2008: 137). Nach Mégret mussten die Völker deshalb ständig auf »Expansionskurs« sein, sonst seien sie vom Niedergang bedroht. »Wer sich nicht ständig versucht zu übertreffen, fällt zurück«, so Mégret laut Magali Balent (Balent 2008: 137).

Deshalb müssten zur Sicherung der eigenen Interessen alle Mittel inklusive Krieg eingesetzt werden, um die Stärke und Unabhängigkeit der französischen Nation zu gewährleisten. Nur so kann sich Frankreich in der Logik des FN in der Welt Geltung verschaffen. Diese Politik der Stärke hat auch den Effekt, dass den anderen Völkern die Handlungsfähigkeit des eigenen Staates demonstriert wird. Denn die eigene Stärke führt zum Aufstieg in den Kreis der »Besten« und reduziert die Begehrlichkeiten der konkurrierenden Staaten. Dadurch wird eine Zukunftsperspektive für die eigene Nation aufgezeigt. (Balent 2008: 137).

Die Globalisierung wurde also zum neuen Hauptgegner ausgerufen. Gleiches galt für die EU. Die Ratifizierung der Maastricht Verträge war für den Front National ein Werk »vaterlandsloser Banker«, die die nationalen Belange verletzten. Die Souveränität der Staaten müsse beibehalten werden. Europäische Zusammenarbeit kam für die Partei eigentlich nur bei der Organisation der Abwehr äußerer »Gefahren«, die auf breiterer Ebene »bekämpft« werden mussten, in Frage. Dazu gehörten Migrationsfragen und die organisierte Kriminalität, deren Bekämpfung eine gewisse Absprache an den Grenzen erforderte (Balent 2008: 87).

In dem Moment, wo die sowjetische Bedrohung als Gefahr verloren gegangen war, wendete sich der Front National, angetrieben von der Neuen Rechten, gegen die USA, auf die man sich in den 1980ern noch positiv bezogen hatte. Gefahr wurde vor allem in der kulturellen Kolonisation Frankreichs gesehen. Festgemacht wurde sie an Kleidung (Blue Jeans und Sweatshirt), Essen (Fast Food), Fernsehprogramm (Dallas etc.) und Kino (Superman, Mickey Mouse). Laut Mégret alles Hinweise dafür, dass Frankreich auf dem Weg war, eine »uniformierte und apatride« (»vaterlandlose«) Gesellschaft zu werden, die dem »American Way of Life« folge (Mégret 1990: 48f.). Dem musste durch die Stärkung der Vermittlung von französischer Sprache und Kultur entgegengewirkt werden. Zentraler Bestandteil des neuen Bildungskanons müssten die Helden und Mythen der französischen Geschichte sein. »An die Stelle von Coca Cola müsse der Weißwein, der in der Nachbarschaft produziert werde, treten« (Mégret 1990: 50f.).

Aber auch der Umweltschutz wurde für die nationalistische Sache entdeckt. Obwohl der ultrarechte Diskurs, dank Barrès schon immer um Themen wie »Verwurzelung« und »die Harmonie zwischen Mensch und Natur« kreiste, erklärte Bruno Mégret dieses Thema erst in den 1990er Jahren zur Chefsache. Der FN argumentierte in der Folge, dass sich die politische Linke dieses Thema widerrechtlich angeeignet habe und der Schutz der »naturbelassenen Welt« vor allem eine Aufgabe des nationalistischen Spektrums sein müsse. Denn der Schutz der Umwelt war gleichbedeutend mit der Bewahrung der eigenen Herkunft und damit auch wieder der Stärkung der Nation (Bourseiller 1991: 85-87).

Der identitäre Rassismus des FN
Im Sinne der biologistischen GRECE-Logik, nach der Differenz, Unterschiedlichkeit und Ungleichheit aller Menschen das Maß aller Dinge sei, waren besonders die Immigranten nicht vereinbar mit der französischen Nation. Deren Immunisierung gegen die »Verwässerung« der genetischen Grundlagen sei nur durch »hohe Mauern der Lebenden gegenüber der sie umgebenden Umwelt möglich«. Der »Ausschluss« des Fremden sei eine lebenswichtige Notwendigkeit im »nationalen« Existenzkampf. Nur solange es gelinge, die Anderen auf einer niedrigeren Stufe der Existenz zu halten, sei die eigene Gesellschaft überlebensfähig (Mégret 1986: 95).

Ohnehin würde die Gesellschaft die Fremden ablehnen, bedeuteten sie doch eine Auflösung der gesellschaftlichen Basisgruppen wie der Familie und der unmittelbaren Solidarität dieser Gruppen untereinander zugunsten eines großen Durcheinanders (vgl. Davies 1999; S.138). Dementsprechend würden »Mann und Frau den Risiken den Lebens immer gemeinsam ins Auge schauen, um ihre Blutlinie fortzuführen« (Le Gallou 1985: 60). Grundlage dieses Denkens war Barrès und seine These von der Notwendigkeit der territorialen Verwurzelung (»terroir«) als »unbedingte Voraussetzung für menschliche Blüte«, wie Mégret es ausdrückte. Nur so könne persönliche Sicherheit, aber auch persönliche Entfaltung des Einzelnen gewährleistet werden (Davies 1999: 88f.).

Für den FN, wie für alle Bewegungen die in der Traditionslinie von Barrès und Maurras standen, waren und sind Familie, Region und Nation natürliche und ewige Institutionen, denen Menschen schon immer die Treue gehalten hätten. Auch für die Ultrarechte nach 1945 waren sie damit keine künstlichen Konstrukte, sondern Ergebnis zweier fundamentaler Realitäten: Blut (Familie) und Geschichte (Nation). Jeder Angriff auf diese natürlichen Säulen der Gesellschaft wurde vom FN als Angriff auf die natürliche Harmonie gesehen. Wären diese Angriffe erfolgreich, sei das unvermeidliche Ergebnis die Entwurzelung. Demzufolge war auch der jakobinische Zentralstaat in Frage zu stellen, da die künstlich geschaffenen Départements die alten »natürlichen« Provinzen abgelöst und zu einem schädlichen Ungleichgewicht in der Nation geführt hätten (Davies 1999: 89).

Deshalb wurden aber auch die regionalistischen Autonomiebewegungen im Inneren abgelehnt. Zwar dürften die Volksgruppen stolz auf ihre Unterschiede sein. Die Nation aber könne nur als ein Ganzes funktionieren, weshalb man nicht Sohn zweier Nationen sein könne. Der FN gestand also lokale Traditionen zu, diese durften aber nicht die Treue zu Frankreich in Frage stellen, sondern nur als »identitäre Basiszellen« dienen (Davies 1999: 89).

Auch der Einfluss des GRECE war weiter präsent. So existierte für den FN weiterhin eine europäische Kultur, die es auch ideologisch möglich machte, verschiedene Formen von Migration zu unterscheiden. So wäre die Integration der ersten Immigranten während der industriellen Wachstumsphase zu Beginn des 20. Jahrhundert kein großes Problem gewesen, da es sich ja um innereuropäische Migration gehandelt habe. Außerdem sei Zuwanderung damals aus demographischen und ökonomischen Gründen schlicht notwendig gewesen (Le Gallou 1985: 17). Außereuropäische Migration dagegen war unerwünscht, denn gerade die nordafrikanischen Immigranten würden es als Verrat betrachten, wenn man von ihnen verlangen würde, sich zu assimilieren. Umso größer also die die kulturelle Distanz nach Meinung des Front National, umso geringer die Chance auf Assimilation (Mégret 1990: 56).

Denn, so Le Gallou, der Islam sei eine »eroberungssüchtige Religion, die die christliche Identität des Westens bedrohen und im Inneren der französischen Gesellschaft für Unordnung sorgen würde. Schon seit 711 und 1492 gebe es einen endlosen Konflikt zwischen Islam und Christenheit. Es wäre weise, die Lektion zu lernen, dass keine friedliche Koexistenz zwischen islamischer und christlicher Welt möglich ist« (Davies 1999: 148).

Hier wurde die stark katholisch und traditionalistisch beeinflusste Stoßrichtung besonders deutlich. Und so bestand der FN schon seit den 1970er Jahren darauf, die Interessenvertretung der katholischen Christen in ihrem Kampf gegen den radikalen Islam zu sein. Die christlichen Minderheiten dieser Welt, die für den FN alle Träger des Glaubens, der Tradition und des Friedens waren, seien ständig Opfer der Rohheiten ihrer muslimischen Mitbürger. Der »Schutz der christlichen Minderheit« durch Saddam Hussein war es, der Jean-Marie Le Pen laut eigenen Aussagen dazu veranlasste, den FN gegen die beiden Irakkriege in Stellung zu bringen (Balent 2012: 24). Auch wenn seit einigen Jahren etliche Parteifunktionäre, die sich dem katholischen Traditionalismus verpflichtet fühlten, die Partei verlassen haben, änderte das nichts an der inhaltlichen Linie, die den Islam als die Gefahr für das westliche Abendland darzustellen versucht. Auch wenn Marine Le Pen ab 2009 begann, die traditionalistische Linie zu erweitern und den Widerstand gegen den Islam als eine Verteidigung des Laizismus darzustellen (Balent 2012: 23).

Ergänzt werden muss, dass diese identitäre Orientierung auch mit einer geistigen Unterstützung gleichgerichteter Bewegungen in anderen Ländern verbunden war, da sie laut FN mit dem »Erwachen der Völker« einhergingen. So wurde sowohl die islamische Heilsfront in Algerien (FIS) genauso wie die Hamas als Widerspiegelung einer überall anzutreffenden Identitätsfindung begrüßt (Schmid 1998: 206). Der FN plädierte dafür, dass alle die Staaten die Unterstützung des nationalistischen Lager« erfahren müssten, die sich auf »natürliche, als ethnisch definierte« Grundlagen berufen (Davies 1999: 19).

Obwohl also die Positionen des FN weiterhin antidemokratisch und antiegalitär waren, versuchte man, sich dem Vorwurf zu entziehen, einen biologistischen Rassismus zu vertreten. So gab man an, Immigranten nicht deswegen abzulehnen, weil man sie für minderwertig halte, sondern ganz einfach für »unterschiedlich«. Es sollten alle »unter sich« bleiben – das sogenannte »Recht auf die Unterschiedlichkeit« (Ignazi 2012: 41). Denn für den FN war die Nation ein organisches Ganzes; ein Produkt aus Geschichte, Kultur und Zivilisation (Davies 1999: 19).

3.4
Der Front National 1998–2015

Der FN nach Mégret und Jean-Marie Le Pen – Zeit für eine Neuausrichtung?

Wie in den letzten beiden Abschnitten deutlich geworden ist, haben mit Bruno Mégret und Yves Le Gallou zwei Vertreter aus dem Umfeld der GRECE und damit der französischen Neuen Rechten deutlichen Einfluss auf die Programmatik des FN genommen. Doch so bedeutend die Akteure Mégret und Le Gallou und die Vertreter der neuen Rechten auch waren, Ende 1998 kam es innerhalb des FN zum Bruch mit Jean-Marie Le Pen. Mégret hatte innerhalb der Partei darauf gedrungen, die Fundamentalopposition gegenüber den anderen Rechtsparteien aufzugeben und den FN zu einer Regierungspartei zu machen. Dieser Kurs war innerhalb des FN alles andere als unpopulär. Das lag nicht zuletzt am persönlichen Wahlerfolg Mégrets, der 1995 mit seiner Liste die Kommunalwahlen in Vitrolles in der Nähe von Marseille gewinnen konnte. Bei der Wahl zum Zentralkomitee der Partei während des Parteitages 1997 in Strasbourg erhielt er sogar die meisten Stimmen. In der Folge versuchte er sogar, die bedingungslose Unterstützung von UDF- und RPR-Kandidaten durch den FN in Stichwahlen gegen Kandidaten der Linken während der zweiten Runde der Parlamentswahlen 1997 innerparteilich durchzusetzen. Nach den Regionalwahlen 1998 wurden in fünf Regionen schließlich bürgerliche Regionalpräsidenten durch Stimmen des FN ermöglicht. Damit galt er in der Öffentlichkeit als Erneuerer, gleichzeitig bezeichnete Jean-Marie Le Pen die Gaskammern wörtlich als Detail der Geschichte und beging feierlich den 20. Todestag von François Duprat. Le Pen gab damit offen zum Ausdruck, dass er den FN weiterhin als Oppositionspartei sah, die für eine radikale Umgestaltung der Institutionen der V. Republik stand (Dézé 2012: 119-121).

Le Pen, dem aufgrund eines tätlichen Angriffs gegen eine sozialistische Parlamentskandidatin und Bürgermeisterin für zwei Jahre die bürgerlichen Ehrenrechte entzogen worden waren und der deshalb nicht als Spitzenkandidat für die Europawahl 1999 zur Verfügung stand, geriet in dieser Zeit immer weiter in Bedrängnis. So begann er eine Aktion, die das Ziel hatte, Mégret ins Abseits zu stellen. Zunächst wurde ein neues innerparteiliches Entscheidungsgremium geschaffen, in dem die »Mégretisten« in der Minderheit waren. Außerdem wurde Mégret die Spitzenkandidatur für die Europawahl 1999 verwehrt und an seine Stelle Le Pens Ehefrau Jany Le Pen gesetzt. Dieser Affront zeigte, dass Mégret in der Partei nicht mehr erwünscht war. Mégret verließ den FN. Als diese Entwicklung von den Getreuen um Mégret, die noch im FN geblieben waren, scharf kritisiert wurde, verloren sie ebenfalls ihre Parteiämter und wurden aus der Partei ausgeschlossen. Der Versuch, mit einer neuen Partei der MNR, dem FN politisch Konkurrenz zu machen scheiterte aber mangels Wahlerfolgen. Dennoch kostete diese Spaltung dem Front 40 Prozent der Mitglieder (Dézé 2012: 123-126).

Die inneren Spannungen kochten wieder hoch, als innerhalb der Partei deutlich wurde, dass Jean-Marie Le Pen seine Tochter Marine Stück für Stück als seine Nachfolgerin aufbauen wollte. Dagegen machten vor allem die Katholiken innerhalb der Partei Front, denen die geschiedene Le Pen nicht tragbar schien. Andere wiederum wollten nicht akzeptieren, dass die FN ein Familienunternehmen der Le Pens sein sollte. Weitere Mitglieder verließen die Partei (Dézé 2012: 135).

Fassen wir also das bisher Gesagte zusammen. Seit seiner Gründung 1972 war der FN eine Partei, die versuchte, in sich alle Strömungen der französischen Ultrarechten zu vereinen und die durch die Rolle Jean-Marie Le Pens zusammengeführt wurden. So fanden sich im Front National traditionelle (rechtsnationalistische) Katholiken, Kollaborateure aus der Vichy-Zeit, antigaullistische Algerienfranzosen, Kleinunternehmer und Anhänger der Neuen Rechten. Programmatisch vereinte sie ein wirtschaftsliberales Programm, das sich in erster Linie für das Kleinunternehmertum stark machte und als zentrale Forderung den Abbau der Steuern für diesen Wirtschaftssektor forderte. Die Migrationsfrage wurde dabei sowohl ökonomisch (billige Konkurrenz für Franzosen auf dem Arbeitsmarkt) als auch unter identitären Gesichtspunkten behandelt. Nicht verschwiegen werden darf, dass es dabei auch zu unterschiedlichen programmatischen Auffassungen zwischen den einzelnen Strömungen kam (Bouvier 2015: 104).

Der neue FN – Positionen, Forderungen, Strukturen

Der Wechsel an der Parteispitze 2011 von Jean-Marie zu Marine Le Pen wurde in den Medien als Bruch mit dieser der alten Linie wahrgenommen. Nicht nur die Wahl durch die Mitgliedschaft, die als Widerspruch zur Logik einer autoritären Führerpartei gesehen wurde, sondern auch zahlreiche Elemente der Biographie Marine Le Pens wurden als Hinweise für diese Interpretation gedeutet. Die Scheidung, ihre eheähnliche Partnerschaft, aber auch ihr »angenehmer Umgang« wurden als Begründung herangezogen (Dézé 2015: 37).

Kaum hatte Marine Le Pen den Vorsitz des FN übernommen, verabschiedete die Partei im Februar 2011 schon ein Aktionsprogramm, dessen zentrales Ziel der Stopp jeder weiteren Zuwanderung war. So sollten Familienzusammenführungen genauso unterbunden werden wie der Zuzug von Studierenden und Arbeitslosen. Außerdem forderte man eine Reform des Staatsbürgerschaftsrechts. So sollte der automatische Zugang zur Staatsbürgerschaft für in Frankreich geborene Kinder von Zuwanderern abgeschafft werden (Ivaldi 2012: 99).

Damit einher ging ein durch die Ereignisse des 11. Septembers 2001 verstärkter Antiislamismus, der die Islamisierung Frankreichs zur unmittelbaren Bedrohung erklärte. Sich selbst versuchte man als eine Bewegung darzustellen, die für ein »laizistisches und republikanisches Frankreich« stehe. Allerdings mit der bewussten gewählten Ergänzung, dass die Grundwerte der Republik (Liberté, Egalité, Fraternité) christlichen Ursprungs seien und die Verteidigung dieser Werte zu einer Rechristianisierung der französischen Gesellschaft führen werde (Ivaldi 2012: 100 f.).

Demzufolge ist es auch nicht verwunderlich, dass der FN weiterhin gegen die Legalität des Schwangerschaftsabbruches und gleichgeschlechtliche Eheschließungen argumentierte. Des Weiteren sollen schwule und lesbische Menschen keine Kinder adoptieren dürfen (vgl. Ivaldi 2012: 104).

Ebenso plädierte man weiterhin für eine »Law-and-order«-Politik zur Bekämpfung von Kriminalität, die man an allen Ecken Frankreichs aufgrund einer Politik der Straflosigkeit gedeihen sah. Diese permanente Unsicherheit, der die normalen Franzosen ausgesetzt seien, solle mit einer Wiedereinführung der Todesstrafe und der Verschärfung des Strafrechtes beantwortet werden. Dass Kriminalität vor allen Dingen ein Problem war, das für den FN in den »migrantischen Wohngebieten« anzutreffen sei, versteht sich von selbst (Ivaldi 2012: 103).

Autorität müsse schon in der Schule vermittelt werden. Deshalb bedürfe es nach Meinung des FN nicht nur der Einführung einer »Schulhofpolizei«, sondern der »Wiederherstellung der Ordnung im Klassenraum durch klassische Methoden«, die da wären: »Unterordnung des Schülers unter den Lehrer, Gehorsamkeit, Respekt, Disziplin, harte Arbeit und die Bereitschaft, sich anzustrengen« (Ivaldi 2012: 105).

Dieser autoritäre, obrigkeitsstaatliche Geist durchzieht auch das Wahlprogramm von 2012, das ganz von der Überzeugung durchdrungen ist, dass Sicherheit das dringendste Bedürfnis der Franzosen sei. Darin wird noch ein weiteres Mal deutlich, welches Verständnis von menschlichem Zusammenleben der FN besitzt: Der Mensch sei dem Menschen ein Wolf und von Natur aus wild. Außerdem habe er es auf das Hab und Gut des Nächsten abgesehen. In dieser Welt müsse jedes Individuum Hab und Gut und natürlich auch die eigene Familie vor dem Zugriff aller anderen schützen (Hayot 2014: 55). Der FN kam somit zu dem Schluss, dass der Drang zur Kriminalität eine natürliche Sache, also dem Menschen inhärent, sei. Deren Ursachen brauche man nicht mehr zu hinterfragen. Die einzige Lösung sei das Aufspüren und die harte Bestrafung von Kriminalität und Fehlverhalten. Dies mache die Einführung einer harten, unnachgiebigen Justiz nötig, die keine alternativen Möglichkeiten außer Bestrafung kennt (einschließlich der Abschaffung des Jugendstrafrechts). Um die Straftäter, die angeblich an allen Ecken lauern, aufzuspüren oder aber wenigstens einzuschüchtern, bedürfe es einer allgemeinen Ausweitung der Videoüberwachung. Außerdem solle sich die Gemeindepolizei vollständig auf repressive Aufgaben beschränken (Hayot 2014: 56).

Hier wird deutlich, dass von einer neuen oder gemäßigteren Linie der Parteiführung nicht die Rede sein konnte. Diese »erkannt« zu haben, ist vielmehr ein Produkt von außen, durch die Medien, die Marine Le Pen als Alternative zum unbeliebten »Klotz am Bein« Jean-Marie Le Pen darstellen wollten, der ihr auf dem Weg zur Macht zum Problem wird (Dézé 2015: 38). Tatsächlich ist der Konflikt zwischen Vater und Tochter seit jeher übertrieben worden. So hielt sie die schützende Hand über ihn nach jedem seiner öffentlichen rassistischen, antisemitischen Ausfälle der letzten drei Jahre. Nur die Kombination des unter den Erwartungen liegen Ergebnisses der Départementswahlen im März 2015 und die Befürchtung, an die Obergrenze der eigenen Wählerreservoirs gestoßen zu sein, führte nach einem weiteren öffentlichen Fehltritt im April 2015, als er einmal mehr den rassistischen und kollaborationistischen Hintergrund vieler aktueller und älterer Parteimitglieder als einen positiv zu bewertenden Fakt darstellte, zur öffentlichen Distanzierung und zum Parteiausschluss am 20. August 2015 (der Ausschluss wird allerdings noch vor Gericht angefochten werden) von Seiten des Front National und Marine Le Pens (Dézé 2015: 43). Bezeichnenderweise liegt bis zum Moment keine inhaltliche Erklärung bzw. politische Begründung des geschäftsführenden Parteivorstandes, der den Ausschluss beschlossen, hat vor. So bleibt es bei der Aussage seiner Tochter gegenüber den Medien, dass er einfach »zu viele Fehler begangen habe« (Le Monde, 20.8.2015) als offizieller Begründung seiner politischen Kaltstellung. Eine vehemente Verurteilung der Positionen von Jean-Marie Le Pen sähe, meinte man sie ernst, wohl anders aus. Diese jüngsten Entwicklungen innerhalb des Front

National haben inzwischen selbst die bürgerlichen Medien, die bisher so gerne das Lied des erneuerten FN gesungen haben, an ihrem Bild der Le Pen-Partei zweifeln lassen. So versah Le Monde am 22. August 2015 einen Artikel über die Auseinandersetzung zwischen Vater und Tochter mit der Überschrift »Strategie Le Pens gescheitert« und verweist in der Folge darauf, dass »die Entdiabolisierung«, also der Versuch, sich als »normale« Partei darzustellen, »nur Fassade ist (…). Sein (Jean-Marie Le Pens; d. Verf.) Ausschluss bedeutet nicht, dass die Partei auf einmal von ihren unheimlichsten Elementen gereinigt ist« (Le Monde, 22.8.2015).

Somit scheint es notwendig, ein wenig näher auf die Art und Weise einzugehen, wie Marine Le Pen versucht, argumentativ zu punkten, und welche Themen sie setzen will. Während der Vater eher die Linie verfolgte, den FN als Antisystempartei festzulegen, und der zufolge er bewusst offen rassistisch, aber auch gegen das Establishment argumentierte, geht es dem neuen FN unter Marine Le Pen vor allen Dingen darum, in der Öffentlichkeit nicht negativ aufzufallen, so Sarah Proust. Das heißt: keine Kontroversen auszulösen, die dem eigenen Wahlerfolg, und damit dem Weg zur Macht, im Wege stehen. (Proust 2013: 36). Nach Proust hätten sich deshalb in den letzten Jahren die Parteiausschlüsse und Ordnungsverfahren um ein Vielfaches erhöht. Dies habe die Bildung von politisch unbedeutenden neofaschistischen Kleingruppen zur Folge, von denen sich der Front National und Marine Le Pen problemlos distanzieren könnten, um sich als aufrichtige Republikaner darzustellen (Proust 2013: 37). Gleichzeitig würden die internen Schulungsprogramme für Kandidaten und Führungspersonal deutlich erhöht. So gibt es inzwischen eine Vielzahl an Seminaren und Leitfäden, die dazu beitragen sollen, die Mitgliedschaft des FN mobilisierungs- und kampagnenfähig zu machen (Proust 2013: 38).

Auch die Führungsmannschaft der Partei habe sich verändert, sei jünger geworden. Im Gegensatz zu ihrem Vater, der in seinem Umfeld Angehörige der OAS und faschistischer Sekten bevorzugt hatte, setzte Marine Le Pen für die Führungsgremien der Partei stärker auf relativ junge Angehörige der akademischen Mittelschichten und Absolventen der Eliteschulen. Sinnbild für diese Entwicklung stehe Florian

Phillipot, einer der wichtigsten Berater Marine Le Pens und Europaabgeordneter, der selbst ENA-Absolvent ist (Proust 2013: 39).

All die Aspekte, die Proust anspricht, sind wichtig und zentral. Allerdings unterliegt sie dem Irrtum zu glauben, dass dies neue Strategien und Entwicklungen seien. Wie zuvor bereits dargestellt wurde, hat der FN all diese Phasen und Entwicklungsstadien bereits einmal durchlaufen. Fangen wir an mit der Führungsmannschaft. Schon die 80er Jahre waren dadurch bestimmt, Respektabilität zu gewinnen. Deshalb gründete man die Nationale Sammlungsbewegung und den Wissenschaftsrat, um Mitglieder aus der Mitte der Gesellschaft zu gewinnen. Wie sich gezeigt hat: mit Erfolg.

Außerdem war es seit jeher Teil der eigenen Strategie, einerseits junge, moderne Kader der eigenen Partei öffentlich wirksam nach vorne zu stellen, während man anderseits versuchte, sich von zu radikalen Mitgliedern zu trennen. Eingeleitet worden war diese Entwicklung von Mégret, der zu diesem Zeitpunkt bereits als hochqualifizierter Staatsbeamter galt, der etliche Kollegen in den FN nachholte und die Implementierung des FN ins politische System der V. Republik erst ermöglichte. Er leitet auch die Professionalisierung der Parteiarbeit ein und legte das ideologische Fundament der Partei. So verwundert es nicht, dass durch Marine Le Pen wieder eine Intensivierung der Auseinandersetzung um die Deutungshoheit über Themenfelder mit der politischen Konkurrenz sowohl aus dem bürgerlichen als auch aus dem linken Lager stattfindet, deren Ideen und Begriff in die eigene Strategie übernommen und mit neuen Inhalten gefüllt werden. (Alduy/Wahnich 2015: 44). Diese ist eine Neuauflage des Kampfes um Begriffe, wie er einst im Umfeld des GRECE und Mégrets ausgerufen worden war. Und daher liegt es nahe, dass sich einstige GRECE-Mitglieder im Mitarbeiterumfeld Marine Le Pens befinden (Monnot/Mestre 2011: 45ff).

Dieser Kampf soll allerdings in einer Form geschehen, die weniger radikal und veraltet daher kommt. Der Ton soll gemäßigter und moderner sein, ohne allerdings de facto die Schärfe der eigenen Argumente zurück zu nehmen (Alduy/Wahnich 2015: 46). So zeichnet sich der Diskurs von Marine Le Pen durch Abstraktion aus. Dies bedeutet, dass an die Stelle der oftmals direkten Ansprache, der monotonen Wiederholung immer gleicher Parolen (Immigrations-Invasion; Immigration gleich null; oder Ultraimmigration) und direkter Stigmatisierung der Betroffenen (die Migranten) ein vermeintlich objektivistischer und rationalerer Ansatz gewählt wird. So spricht Marine Le Pen von Migrationspolitik oder der Migration, aber auch von den Fremden. Hiermit soll unterschwellig darauf hingewiesen werden, dass die Zuwanderer niemals Teil der französischen Gemeinschaft sein könnten (Alduy/Wahnich 2015: 75).

Darüber hinaus vermeidet sie aber Formulierungen, die den Verdacht nähren könnten, dass sie biologistische Formen von Rassismus vertrete. Stattdessen wird in der Öffentlichkeit ein ökonomistischer Ansatz als Ablehnungsgrund für Zuwanderung deklariert. So sei Immigration gleichbedeutend mit Erwerbslosigkeit oder der Schaffung eines Niedriglohnsektors. Somit seien das Großkapital und die Unternehmerverbände direkt für die Deklassierungsgefahr der Unterklassen verantwortlich. Hierbei scheut sie sich nicht, auf Vokabular aus dem Umfeld der politischen Linken zurückzugreifen (Alduy/Wahnich 2015: 86). »Marine Le Pen tritt als Heldin in einem ethnisierten Klassenkampf auf, in welchem sie sich als letzte Schutzinstanz der Arbeiter gegen den Medef (französischer Unternehmerverband, d. Verf.) präsentiert« (Alduy/Wahnich 2015: 87). So wird Migration bei Marine Le Pen zu einer rein makroökonomischen Ziffer. Zu einem Problem von Angebot und Nachfrage. Denn Migration verknappt in den Diskursen von Marine Le Pen das Angebot von Gütern und Dienstleistungen zuungunsten der Franzosen, weshalb eine »priorité française« (»französische Priorität«) benötige würde (Alduy/Wahnich 2015: 88).

Sobald Le Pen allerdings im parteiöffentlichen Umfeld auftritt, ändert sich ihr Diskurs. Sofort nimmt sie hier Bezug auf die alten Begriffe ihres Vaters. So ist in Parteitagsreden wieder die Rede vom »Kampf der Kulturen«, den es zu bestehen gelte, und es tauchen Vokabeln wie »Kolonisierung« und »demographische Überschwemmung« in den Redemanuskripten auf. Auch die neue These aus dem Umfeld der identitären Bewegung vom »Großen Bevölkerungsaustausch« ist nachzuweisen (Alduy/Wahnich 2015: 80).

Dennoch versucht Le Pen, den FN als pro-republikanische Partei zu positionieren – allerdings wieder über die Hintertür des antimuslimischen Rassismus und der identitären Rhetorik. So präsentiert sich der FN weiterhin als Verteidiger des Laizismus. Marine Le Pen hatte bereits 2012 eine strikte Durchsetzung der Laizität in Anlehnung an das Gesetz zur Trennung von Staat und Kirche gefordert. Das Tragen religiöser Symbole sollte nur noch auf das unmittelbar private Umfeld begrenzt werden. Begründet wurde dies mit der angeblich überhand nehmenden Anzahl von Straßengebeten durch Muslime, die einen unerträglichen Multikulturalismus über Frankreich brächten (Alduy/ Wahnich 2015: 95).

Dass es dem FN allerdings nicht wirklich um die Trennung von Staat und Kirche geht, zeigte sich bereits im folgenden Frühjahr, während der »manif pour tous«-Bewegung (»Demonstration für alle«) gegen die Legalisierung der Ehe gleichgeschlechtlicher Partnerschaften. Diese wurde im Kern von radikalen, dogmatischen Katholiken aus dem Umfeld des »konterrevolutionären« Think Tanks Civitas getragen. Allerdings vermochten es die Akteure, ihre Urheberschaft zu verschleiern, weshalb es gelang diese erste soziale Bewegung gegen die sozialdemokratische Regierung in eine erfolgreiche Massenbewegung der gesamten Rechten zu verwandeln.

Zwar nahm Marine Le Pen nicht offiziell an den Demonstrationszügen teil. Im Gegensatz zu ihrer Nichte und der Enkelin von Jean-Marie Le Pen, Marion Maréchal-Le Pen, die mit an der Spitze der Bewegung stand, und vielen anderen Funktionären der Partei (Proust 2013: 40). Allerdings störte sich Marine Le Pen nicht an den teils gewaltsamen Protesten militanter Traditionskatholiken, die tagelang das französische Parlament belagerten (Alduy/Wahnich 2015: 90). Im Gegenteil, sie versucht sogar, die christliche Tradition als Grundbestandteil der französischen Identität zu verkaufen, die sie als (einzige) Grundlage der französischen Republik und Kultur sehen möchte, denn »wenn eine neue Religion (der Islam) eine Vielzahl neuer Forderungen stellt, die Richtung, Lebensart und Lebensweise eines sehr alten Landes, das auf den jüdisch-christlichen Werten aufgebaut ist, verletzten, dann gibt es ein Problem« (Alduy/Wahnich 2015: 98).

Alle Übel haben daher für den FN und Marine Le Pen eine zentrale Ursache: Den »mondalisme« (frei übersetzt: Globalismus). Verantwortlich dafür sind die »mondialiste«, also diejenigen »politischen Führer, die sich seit Jahrzehnten an der Spitze unseres Landes ablösen« (Le Pen 2012: 34) und die auf die Schaffung eines Weltstaates hinarbeiten. Diese Politik habe nur Schlechtes über Frankreich gebracht«, nämlich den (...) »Wettlauf um ein Europa und um Immigration, Beseitigung der Grenzen und von Schutzmechanismen, Schwächung des Staates, arrogante Technokraten (...)« und den Bruch mit dem Volk, das kontinuierlich an den Rand gedrängt wird« (Le Pen 2012: 34). Aber das reicht noch nicht an negativen Zuschreibungen für den Mondialismus. Alduy und Wahnich verweisen auf weitere Schreckensszenarien, die Marine Le Pen regelmäßig skizziert: So zerstört dieser, gibt man Le Pens Worte sinngemäß wieder auch die Familien, die Nation, säe Anarchie, Barbarei und planetares Chaos und werde von den liberalen Eliten bewusst gegen das eigene Volk angewendet. Er ist verantwortlich für Krise, Schulden, Arbeitslosigkeit und Souveränitätsverlust und auch dafür, dass die modernen Menschen kulturlos über den Globus von Kontinent zu Kontinent wandern (Alduy/Wahnich 2015: 151). Hier nimmt Marine Le Pen in ihrem Diskurs wieder Bezug auf Maurice Barrès und seinen Entwurzelten (siehe vorheriges Kapitel) sowie auf ihren Vater. Dieser sprach einst vom Mondialismus als »einer materialistischen Ideologie, die die Welt in eine gewaltige Fabrik verwandelt habe, die nur noch auswechselbare Konsumenten kenne, die aber keine Heimat, keine Familie und keine Wurzeln mehr besitzen« (Alduy/Wahnich 2015: 151). Besagter Mondialismus ist also das »personifizierte Böse«, das als ideologisches Bindeglied die Stelle des »Antikommunismus« übernommen hat (Alduy/Wahnich 2015: 150).

Eine zentrale Rolle in den Überlegungen Marine Le Pens spielt die Stärkung des französischen Staates. Er muss, glaubt man ihren Diskursen, der zentrale Baustein einer Strategie der nationalen, sozialen und wirtschaftlichen Neuausrichtung sein. So will Marine Le Pen den Staat zum »allumfassenden Garanten nationaler Willensstärke ausbauen« (Alduy/Wahnich 2015: 43). Der Staat sei der »Verwahrer seiner kollektiven Geschichte, seiner republikanischen und demokratischen Werte einschließlich der Laizität. Für sie ist der Staat nichts weniger als ein existenzieller Bestandteil der Seele Frankreichs. Sein wahrhaftes Rückgrat« (Alduy/Wahnich 2015: 43). Das alles sind keine neuen Aspekte in der Programmatik. Sie nehmen also nicht erst durch Marine Le Pen einen zentralen Bestandteil in der Programmatik des FN ein, sondern wie wir gesehen haben, schon seit den frühen 1990er Jahren.

Nationale Präferenz und Politik der Stärke – Zur Außenpolitik des FN seit 2012

Die Außenpolitik hat verständlicherweise eine zentrale Bedeutung in den Überlegungen des FN. Auch hier spielt Mégret im Denken der Partei noch eine wichtige Rolle. So ist auf diesem Politikfeld sein »Konzept der Stärke« weiter maßgebend. Dieses Konzept, dass davon ausging, dass Außenpolitik die »Summe von Maßnahmen ist, die eine Nation durchführen muss, um sich im Konzert der großen Nationen behaupten zu können«, wollte sich nicht einfach nur mit Ausgleich zufrieden geben, sondern hatte zum Ziel, die nationalen Interessen auch gegenüber den anderen Staaten durchzusetzen (Balent 2012: 26).

Dazu bedarf es allerdings einer starken Armee, die mit der Aufgabe betraut ist, einerseits die Unabhängigkeit des französischen Territoriums zu gewährleisten, andererseits aber auch in der Lage sein muss, die französischen Interessen in der Welt zu vertreten. Die nationale Verteidigung ist für den FN also eine Lebensversicherung, die der Außenpolitik erst die Möglichkeit schafft, ihre Ziele zu erreichen. Mit den jetzigen Mitteln, die im Verteidigungshaushalt eingestellt sind, ist Frankreich aber nach Meinung des FN »verwundbar«, denn »alle rüsten auf, während wir abrüsten«. Deshalb fordert der Front National eine Wiederaufrüstung Frankreichs und eine Erhöhung des Verteidigungshaushaltes auf 2 Prozent des BIP (Balent 2012: 29f.).

Nach Meinung des FN haben die Regierungen der IV. und V. Republik dazu beigetragen, dass Frankreichs Größe und damit sein Einfluss in der Welt am Sinken sei. Durch die Preisgabe seiner militärischen Stärke und seiner unabhängigen Diplomatie schreibe »Frankreich heute keine Geschichte mehr, sondern leide«. »Man würde in Europa und der Welt immer weiter zurückfallen« und man sei kein »Akteur mehr, sondern Untertan«, stellt man in den Reihen des FN fest. Dabei sei die Grande Nation durch das Wirken der »Geisteskraft seiner Menschen« ein Land gewesen, das auf alle Erdteile ausgestrahlt habe (Balent 2012: 19-21).

So will man an die »Politik der Unabhängigkeit« de Gaulles anknüpfen. Einerseits indem man sämtliche Militärbündnisse, denen Frankreich angehört, verlassen möchte. Zusätzlich verlangt der FN, die französische Armee nur noch an Auslandseinsätzen teilnehmen lassen, die direkt französische Interessen betreffen. Gleichzeitig möchte man aber auch auf einem anderen Feld punkten: der Diplomatie. So will man Frankreich als »Macht des Ausgleichs« präsentieren, die dem »US-amerikanischen« Modell komplementär entgegengesetzt sei. Man müsse überall dort als wichtigster Vermittler auftreten, wo der »amerikanische, islamistische und chinesische Imperialismus« unweigerlich zum Krieg führen würde. Der »supranationalen« Idee müsse die Stärkung der Nationen entgegenstehen. Nur Frankreich als älteste Nation der Welt könne diese »Ausnahmerolle« spielen (Balent 2012: 24).

Die neue Sozial- und Wirtschaftspolitik
Doch welche Rolle kommt dem Staat innenpolitisch – abgesehen von der Kriminalitätsbekämpfung – nach den Vorstellungen des FN tatsächlich zu? Oft wird behauptet, Jean-Marie Le Pen habe sich immer in widersprüchlicher Weise zum Staat geäußert: »Weniger Staat« im ökonomischen und sozialen Feld, aber »mehr Staat« auf der der geopolitischen Ebene und in Fragen der nationalen Souveränität, ebenso wie bei der Kriminalitätsbekämpfung und zur Aufrechterhaltung der öffentlichen Ordnung« (Alduy/Wahnich 2015: 42). Wo sich somit beim Vater Le Pen noch eine negative Konnotation zu den Begriffen wie »Staat«, »Angewiesenheit auf soziale Unterstützung« und »Steuern« zeige, habe Tochter Marine eine diskursive Wende vollzogen (Alduy/Wahnich 2015: 42f.).

Dass die »Schlacht um Worte« wirkt, sieht man also daran, wie Marine Le Pen in der Öffentlichkeit wahrgenommen wird. Gerade im Feld der Wirtschafts- und Sozialpolitik. So heißt es auf einmal der FN sei eine Partei, die »viel sozialer« und »staatszentrierter« geworden sei und inzwischen sogar für eine »keynesianische« Wirtschaftspolitik stehe (Bouvier 2015: 105). Oft wird in den letzten Jahren auch behauptet, der FN habe sich vom Ultraliberalismus abgewendet und sei durch seinen Schwenk zur Globalisierungskritik nach links gerückt (vgl. Ivaldi 2012: 105). Diese Darstellungen sind falsch. Doch da Debatten um die innere Verfasstheit der französischen Gesellschaft fast nur noch identitär geführt werden, hat sich die Debatte über die Folgen und Auswirkungen der kapitalistischen Transformationsprozesse immer mehr in Richtung einer Diskussion über kulturalistische und sicherheitspolitische Themen verschoben. Dies gilt für das rechte und das linke Lager. Schon seit 2002 war als Reaktion auf den Wahlerfolg Jean-Marie Le Pens (siehe nächstes Kapitel) und die Folgen der Anschläge von New York eine rein auf »Law and Order« aufbauende Strategie Kernaufgabe der Regierungen. Nicolas Sarkozy schaffte in seiner Zeit als Präsident zwischen 2007 und 2012 sogar ein Ministerium für Nationale Identität (Bouver 2015: 38). Mit dem Beginn der Wirtschafts- und Finanzkrise 2008 verschärfte Sarkozy die Gangart und stieß 2009 eine Debatte über die nationale Identität an, um von seiner scheiternden Wirtschaftspolitik abzulenken an. Zwei Jahre später erklärte er ganz offen, dass ein unmittelbarer Zusammenhang zwischen Immigration, misslungener Integration und Unsicherheit in Frankreich bestehe (Bouvier 2015: 39). Lässt man all diese Punkte Revue passieren, steht eigentlich jetzt schon fest, dass es der FN erfolgreich geschafft hat, sein rassistisches und menschenfeindliches Weltbild in den Mittelpunkt der öffentlichen Debatte zu hieven. Und es erklärt auch den Erfolg der Partei. Weshalb gerade die französische Gesellschaft so anfällig ist für derartige Debatten, soll später noch einmal diskutiert werden. Allerdings erklärt es auch, warum eine ökonomische Analyse des Vorstellungen des FN kaum stattfindet.

Zwar stimmt es, dass der FN seit dem Ende 1990er Jahre begonnen hat, sich direkt an die Arbeiter zu wenden, sprich vor Werkstoren präsent zu sein. Dennoch: Der Front National ist nach wie vor eine Partei, die klar prounternehmerische und wirtschaftsliberale Positionen vertritt und in der die fremdenfeindlichen Akzente dazu dienen,

Migranten als Sündenböcke für die schlechte soziale und ökonomische Situation im Lande verantwortlich zu machen. Die Konzepte, die der FN dabei vertritt, sind dabei identisch mit denen der »klassischen (Ultra-)Rechten« (VISA 2011: 1 u. 3).

Die Sozialpolitik des FN besteht darin, Ausgrenzungsprozesse am unteren Ende der Gesellschaft weiter zu fördern, anstatt sie zu bekämpfen. Die Tatsache alleine, dass der FN für eine protektionistischere Wirtschaftspolitik, eine größere nationale Souveränität und einen größeren Staatseinfluss auf volkswirtschaftliche Prozesse eintritt, steht nicht im Widerspruch zu einem grundsätzlich wirtschaftsliberalem Ansatz, wie sich im Vergleich mit den anderen ultrarechten Parteien und Bewegungen in diesem Buch bereits gezeigt hat.

So werden Streiks wortreich bekämpft, denn sie »bedrohen die Unternehmen und die Beschäftigung« und würden »Frankreich ins Chaos stürzen«. Die verantwortlichen Gewerkschafter« sollen deshalb nach dem Willen der Le Pens »hart bestraft« werden (Chapelle 2012: 2). So soll verhindert werden, dass sich Solidarität zwischen Armen, Arbeitern und Angestellten aus der Mittelschicht entwickelt.

Es ist bemerkenswert, dass es außer den »Bonnets Rouges« (Rote Hüte) in der Bretagne, die im Herbst 2013 gegen die Einführung einer Ökosteuer protestiert hatten, noch keine ökonomisch orientierte Soziale Bewegung geschafft hat, sich die Zustimmung der Le Pens zu sichern. Jenen »Rothüten« gelang das auch nur, weil hier Unternehmer und Gruppen von Beschäftigten, die Angst um ihre Arbeitsplätze in der Agroindustrie hatten, gemeinsam agierten und somit dem Ideal der »nationalen Klassenzusammenarbeit« unter der Führung der Unternehmer entsprachen (Hayot 2014: 51; Rabier 2015).

Die programmatischen Dokumente des FN weisen nach wie vor eine durch und durch gewerkschaftsfeindliche Linie auf sind. Zuerst einmal soll die Ausübung des Streikrechts unterbunden werden. Die Legitimität von Streiks muss nach den Vorstellungen des FN in jedem Einzelfall erst durch ein Richterkollegium bestätigt werden (VISA 2011: 19).

Weiterhin will der FN »die Unternehmen vom staatlichen Dirigismus« befreien, indem das Arbeitsrecht vereinfacht wird. Die Ausgestaltung der sozialen Mindestrechte der Beschäftigten soll auf der Branchenebene verhandelt werden. Dort sollen friedliche, unternehmerfreundliche und berufsständische Organisation die Interessenvertretungen der Beschäftigten übernehmen. Denn die Gewerkschaften sind »veraltet und nicht repräsentativ« (VISA 2011: 15f.). Sie sind Teil des Übels, das »das französische Unternehmertum erstickt.« Denn mit ihrer »Taktik des Widerstandes durch Streiks und grundsätzlicher Opposition gegen jede Veränderung (...) sind sie für die Blockade der französischen Volkswirtschaft und die Verhinderung notwendiger Reformen verantwortlich«, die »im Rahmen branchenspezifischer Verhandlungen durch »sozialen Dialog« umgesetzt werden können« Der Korporatismus der alten Ultrarechten ist also auch Bestandteil der »Neuen Rechten« (VISA 2011: 17).

Diese Deregulierung hat die Schaffung ungleicher Lebens- und Arbeitsverhältnisse der Beschäftigten zur Folge und soll zu ihrer Entsolidarisierung beitragen. Nach dem Willen des FN sollen sich diese nur noch mit ihrem Unternehmen und ihrer Berufsgruppe identifizieren. Die Vereinzelung, die die Folge ist, ermöglicht viel leichter die Durchsetzung niedriger Löhne, schlechter Arbeitsbedingungen und natürlich Entlassungen – sowie die Abschaffung der 35-Stunden-Woche, die im Jargon des FN zur »Desorganisation der Unternehmen und zur ungerechtfertigten Erhöhung der Masse an Beschäftigten« geführt habe. (VISA 2011: 18).

Was den öffentlichen Sektor betrifft, wird der FN nicht müde zu betonen, dass der Öffentliche Dienst eine nationale Bedeutung habe. Allerdings besteht für den FN die Aufgabe des Staates nur darin, hoheitliche Aufgaben zu erfüllen. Polizei und Justiz sollen also für Sicherheit sorgen. Ginge es nach dem FN, würde nur die Polizei mit Neueinstellungen und Lohnerhöhungen bedacht. Alle anderen Bereiche würden den lokalen Verwaltungsebenen übertragen werden, was eine massive Ungleichheit der Lebensverhältnisse zur Folge hätte. Während die reichen Regionen sogar die Möglichkeit hätten, neue Beschäftigung zu schaffen, würden die armen nur noch ein Mindestmaß aufrechterhalten können. Um diesen Schritt zu rechtfertigen, bedient sich der FN ganz direkt neoliberaler Wortbausteine. Ziel ist die »Qua-

3. GESCHICHTE, AKTEURE UND PROGRAMMATIK DES FN

litätssteigerung des öffentlichen Dienstes« durch »Flexibilisierung und Nicht-Wiederbesetzung von Stellen«, was eine »Verbesserung der öffentlichen Haushalte zum Ziel« habe. Ohnehin seien die in diesem Sektor Beschäftigten alle Privilegierte, deren Status verschwinden müsste (VISA 2011: 14 f.).

Ein Verwirrspiel ergab sich im Vorfeld der Präsidentschaftswahl 2012 um die Rentenpolitik des FN. Erst hatte der FN offiziell dafür plädiert, das Renteneintrittsalter wieder auf 60 Jahre zu senken. Im Wahlprogramm fand sich dazu allerdings nichts mehr (Chapelle 2012: 2). Beschäftigt man sich aber genauer mit den rentenpolitischen Vorstellungen des FN, wird deutlich, dass der FN weiterhin für eine kapitalgedeckte Rente eintritt. Zwar will die Partei die Rentenversicherung nicht mehr vollständig privatisieren. Durch die steuerliche Absetzbarkeit der Beiträge für kapitalgedeckte Pensionsfonds soll allerdings die private Zusatzversicherung gestärkt werden. Außerdem kann es nach Meinung des FN nur dann mehr Rente geben, wenn länger gearbeitet wird (VISA 2011: 4 u. 6). Während also die wenigen Gutverdiener Geld zurücklegen und ihre guten Renten weiter aufbessern können, bleiben den vielen prekär Beschäftigten und Arbeitslosen nur Armutsrenten (vgl. VISA 2011: 7). Für den FN ist das kein Problem, schließlich muss der Wert der Arbeit betont werden und nicht die Solidarität innerhalb der Gesellschaft. Für den FN bedeutet die Betonung des Wertes der Arbeit die Belohnung der Starken und die weitere Abwertung der Schutzbedürftigen. Denn wer etwas besitzt, der hat es sich durch eigene Leistung verdient (VISA 2011: 7). Es ist demzufolge auch nur logisch, dass sich innerhalb des FN-Wahlprogramms für die Präsidentschaftswahlen 2012 kein eigener Abschnitt zur Sozialpolitik findet. Denn nach FN-Logik ist sozial, was Arbeit (und damit sozialen Aufstieg) schafft, wie sich ja wenige Zeilen weiter oben bereits gezeigt habe dürfte.

Besondere Betonung gilt folglich nach wie vor dem kleinen Mittelstand. Denn die Unterstützung der kleinen Unternehmer bedeutete für den FN mehr als nur pragmatischen Ökonomismus. Das Handwerk ist für den FN ein Ort der Selbstverwirklichung des Unternehmers und ein Ort, wo »kulturelle Werte weitergegeben« würden. Zudem sind das »Handwerk« und das« kleine Geschäftswesen« nicht nur Garant dafür, »dass die französischen Städte und Dörfer untrennbar mit der französischen Geschichte und der Tradition durchdrungen« und damit »ein Ausdruck wirklicher französischer Lebensart« sind. Nein, sie haben auch zur »Verfeinerung unserer Zivilisation« beigetragen und »25 Prozent der entstanden Arbeitsplätze innerhalb der letzten sieben Jahre geschaffen« (vgl. Front National, 2011). Deshalb stehen für den FN weitere Steuersenkungen für die »kleinen und mittleren Unternehmen« und »Entbürokratisierung« auf der Tagesordnung. Inklusive der Forderung an die Politik, der Bedrohung durch die transnationalen Konzerne aber auch der weiteren Ausbreitung der Supermarktketten Einhalt zu gebieten (Front National, 2011).

Die Vorstellung, dass das Kleinunternehmen die Basis der französischen Ökonomie sein soll, drückt sich auch in den Bildungspolitischen Leitlinien aus. So soll das Gesamtschulsystem in Frage gestellt werden, um den Weg vieler junger Menschen schon mit 13 bis 14 Jahren in die Berufsausbildung umzulenken – eine Ausbildung, die nach FN-Vorstellungen nur zu Kenntnissen im »Lesen, Schreiben und Rechnen« befähigen muss und die vollständig unter der Aufsicht der Unternehmer stattfinden soll (vgl. Front National, 2011).

Diese Sicht der Dinge, wonach harte Arbeit die Basis des persönlichen Erfolges bildet, führt aber auch zur Ablehnung aller vermeintlich Schwachen und Leistungsunwilligen. Deshalb kann ein funktionierendes, ausfinanziertes Gesundheitswesen für den FN natürlich auch nur dann gewährleistet werden, wenn die »Betrüger, die das System missbrauchen«, bestraft und ausgeschlossen werden. Aber nicht durch eine höhere Besteuerung der Vermögen. Außerdem würde eine Regierungsübernahme des FN für die Erwerbslosen einen massiven Anstieg der Repression erwarten lassen (vgl. Front National, 2011).

Wo die Unterstützung des »individuellen sozialen Aufstieges zum Eigentum« das entscheidende Kriterium der Politik sein soll, darf natürlich auch die Thematisierung der Wohnraumproblematik nicht fehlen. Nach dem Willen des FN ist es auch hier nicht Aufgabe des Staates, für den Ausbau des sozialen Wohnungsbaus, sondern, im Gegenteil, für eine Stimulierung des privaten Immobiliensektors zu sorgen. Dafür sollen jungen Menschen Steuererleichterungen gewährt werden, um ihnen den Kauf einer Immobilie zu ermöglichen. Diesem Schritt muss nach Meinung des FN natürlich die Privatisierung öffentlichen Eigentums durch die Hintertür folgen. So soll es Bewohnern von Sozialwohnungen erleichtert werden, ihre Wohnungen zu kaufen, um sie anschließend gleich wieder zu vermieten. Die Aufgabe der Gemeinden besteht dabei für den FN darin, den Eigentümer durch Steuervergünstigungen attraktive Renditen zu ermöglichen (vgl. Front National, 2011).

Es zeigt sich also, dass der Antiglobalisierungsdiskurs von Marine Le Pen kein Antikapitalismus ist. Ihre Vorstellungen bleiben vollständig darauf beschränkt, dass das Unternehmertum und die Inwertsetzung des individuellen Engagements die Basis der Ökonomie sein sollen. Auch spricht sie sich nicht gegen die Deregulierung der Arbeitsmärkte und die Senkung der angeblich zu hohen Arbeitskosten aus (Hayot 2014: 58). Alles in allem steht der FN dem Großteil der Maßnahmen des herrschenden Neoliberalismus nicht ablehnend gegenüber. Die Partei verlangt sogar noch eine Verschärfung der Maßnahmen, da die Antworten des FN auf alle zentralen Fragen »mehr Markt« lauten; allerdings, um die kleinen Eigentümer zu schützen, nur im nationalen Rahmen und nur im Rahmen eines starken Staates, der vom Unsicherheitsgefühl der Kleinen Eigentümer in der Krisensituation durch Repression gegen Schwächere, also Immigranten und Erwerbslose, Entlastung schafft. Kurz gesagt, die Partei steht für einen »nationalen Kapitalismus von gestern«, getragen von der Konkurrenz zwischen »patriotischen Nationen«. Sie vertritt damit zwar keinen ganz klassischen Ultraliberalismus. Aber es handelt sich um ein autoritär-liberales Regime, das dem FN vorschwebt (Hayot 2014: 59).

4.
Zur Soziologie des Front National

4.1
Die Verwurzelung und Konsolidierung des FN aus wahlsoziologischer Sicht (1983–2015)

Die Entwicklung der Wahlergebnisse des FN seit 1983

Wie bereits angesprochen, konnte der FN ab den 1980er Jahren, stabil hohe Wahlergebnisse erzielen. Nachdem man bei der Europawahl 1984 10,95 % erreicht hatte, gelang es bei der Parlamentswahl 1986, die entgegen der Tradition der V. Republik im Verhältniswahlrecht durchgeführt worden war, 2,7 Millionen Stimmen zu gewinnen. Dies entsprach einem Stimmenanteil von 9,65 % und brachte dem Front National 35 Abgeordnete ein (Delwitt 2012a: 20).

Diesem ersten großen Erfolg folgten 1988 im ersten Wahlgang der Präsidentschaftswahl 14,38 %, was 4,4 Millionen Stimmen entsprach. Obwohl die Strategie der Zusammenarbeit aller Parteien innerhalb des rechten Lagers, die auf der gemeinsamen Gegnerschaft gegen die sozialdemokratische Zusammenarbeit mit der PCF beruhte, ab 1988 offiziell beendet wurde, arbeitete man auf regionaler Ebene mancherorts weiter mit den Parteien der so genannten parlamentarischen Rechten zusammen und stellte mehrere Vizepräsidenten in den Regionen (Delwitt 2012a: 21; Bréchon 2012b: 166).

Die Tatsache, dass die sozialdemokratische Regierungsübernahme eben nicht zum Klassenkampf, sondern zum Klassenfrieden (Mitterrand) geführt hatte, machte eine gemeinsame Front aller rechter Bewegungen nicht weiter notwendig (Bihr 1998: 54). Aber ihre ideologische

Nähe ermöglichte von Zeit zu Zeit die Zusammenarbeit dort, wo die Vertreter des FN in Parlamenten eine Mehrheit gewährleisteten. Somit hielt die Debatte innerhalb der traditionellen Rechtsparteien über eine Annäherung an die Ultrarechte weiter an (Bréchon 2012b: 167).

Während die Wahlergebnisse in den 1990er Jahren zwischen 12 und 15 % schwankten, bedeutete das Wahlergebnis in der ersten Runde der Präsidentschaftswahlen vom 21. April 2002 einen neuerlichen Höhepunkt für den FN. Mit 16,68 % der abgegebenen Stimmen konnte sich Jean-Marie Le Pen vor Lionel Jospin von den Sozialisten platzieren, der nur 16,18 % der Stimmen erhielt, und somit in die Stichwahl gegen Jacques Chirac einziehen (Delwitt 2012a:30). Dies war nicht nur das Ergebnis einer Spaltung der Linken, sondern eines Wahlkampfes, der von den Themen des FN dominiert wurde. Nämlich Unsicherheit und Kriminalität, die deshalb überall an der Tagesordnung seien, weil die Linke, die seit 1997 über eine Parlamentsmehrheit verfügte, nicht ordentlich durchgegriffen habe (Bréchon 2012b: 167).

Dieses Ergebnis konnte 2007 nicht gehalten werden. Der Stimmenanteil Le Pens ging auf 10,44 % zurück (Delwitt 2012: 31); vor allen Dingen deshalb, weil die UMP mit ihrem Kandidaten Sarkozy, der ab 2005 als Innenminister eine »Law and Order«-Linie fuhr, weite Teile des FN-Programms übernommen hatte. Sarkozys Aussage ihm Wahlkampf 2007, die (migrantisch geprägten) Vorstädte »mit dem Kärcher vom Gesindel« befreien zu wollen, half nur, seine Popularität innerhalb der FN-Klientel noch mehr zu erhöhen (Bréchon 2012b: 167).

Die Hochburgen des FN – jenseits der Städte (Entwicklungen 2002–2012)

Betrachtet man die räumliche Verteilung der Wahlergebnisse, so fällt auf, dass es ab den späten 1990er Jahren zu einer Verschiebung der Hochburgen der Partei kam. Waren diese in den Jahren des ersten Erfolges vor allen Dingen in den urbanen Gebieten zu finden, so verschoben sich diese mit den Jahren in die sogenannten periurbanen und ländlichen Regionen. Es gab also offensichtlich keinen unmittelbaren Zusammenhang zwischen der Präsenz migrantischer Milieus und den Wahlergebnissen des FN mehr (Dézé 2015: 55).

Dies lag daran, dass Jean-Marie und auch in letzter Zeit Marine Le Pen sich die Verteidigung des ländlichen Frankreich auf die Fahne geschrieben hatten. Offensichtlich traf dies nicht nur auf die Zustimmung der Milieus, die unmittelbar im Agrarsektor beschäftigt sind und seit jeher von einer immensen Angst vor der Verlust der eigenen Existenzgrundlage betroffen sind. Cécile Alduy und Stéphane Wahnich verweisen auch auf »neorurale« Zuwanderer in ländlichen Regionen, die dort wieder zu ihren Wurzeln zurückfinden möchten, und damit ebenfalls anfällig sein können für die Verherrlichung des »Terroir« durch die radikale Rechte (Alduy/Wahnich 2015: 196).

Doch noch viel bemerkenswerter sind die seitdem stetig hohen Wahlergebnisse in den so genannten periurbanen Gebieten. Diese Regionen, die sich zwischen 30 und 90 Kilometer im Umfeld der Großstädte befinden, haben in den letzten 20 Jahren einen deutlichen Anstieg der Wahlergebnisse des FN erlebt. Sie werden geprägt von stetig wachsenden Einfamilienhaus-Siedlungen in den bis dato eher ländlichen Gemeinden. Es liegt auf der Hand, dass vor allem die Zuzügler, die zum großen Teil in den Innenstädten arbeiten, für den wachsenden Zuspruch des FN vor Ort verantwortlich werden gemacht werden. Doch es bleibt umstritten, ob, weshalb und warum diese neuen Hausbesitzer den FN unterstützen (Lambert 2015: 13).

Glaubt man dem Geographen Christophe Guilluy, ist dies vor allem eine Protestaktion dieser Milieus. Diese durchlaufen eine immer weiter fortschreitende soziale Deklassierung aufgrund der hohen Lebenshaltungskosten in den städtischen Räumen, die gekoppelt sind mit Angst vor Kriminalität und dem Verlust der eigenen kulturellen Identität durch das enge Zusammenleben mit den urbanen migrantischen Milieus. Die einzige Fluchtmöglichkeit für diese soziologisch den »classes populaires« zuzuordnenden Milieus bestehe darin, sich ins Umland der Städte abzusetzen, um in einer sichereren und authentischeren Umgebung dem eigenen Leben wieder Stabilität zu verleihen. Allerdings ginge der Erwerb einer Immobilie mit der Anhäufung hoher Schulden einher. Zusätzlich war und ist das städtische Umland, laut Guilluy, nur schlecht infrastrukturell erschlossen, was weitere Frustrationserfahrungen dieser Hausbesitzer erklärt und in einer Stimmabgabe für den FN endet. Der FN profitiere also von einer Spaltung der französischen Gesellschaft nicht entlang typischer Klassengrenzen, sondern an einem Widerspruch zwischen Stadt und Land, also Metropole und Peripherie, die vom ökonomischen und, viel wichtiger, vom kulturellen Liberalismus der Sozialdemokraten verursacht wurde, so Guilluy weiter (Guilluy 2014).

Der steigende Anteil von Wählern des FN, die aus der Arbeiterklasse stammen, kann seit den 1990ern nicht mehr negiert werden. Auch die Affinität von Hausbesitzern und gerade auch von Arbeitern, die ihre Immobilie selbst besitzen, zum FN ist ebenfalls nachgewiesen. Sie sind diejenige Statusgruppe, die vor der Präsidentschaftswahl 2012 am meisten zu Marine Le Pen tendierte. Da die kulturalistischen Ansätze, die davon ausgingen, dass vor allem lebensweltliche und nicht mehr ökonomische Fragen die Debatte prägen würden, seit den 1980ern in den französischen Sozialwissenschaften dominant geworden sind, passten die Erklärungsversuche Guilluys, die den Erfolg des FN vor allem als Konflikt zwischen unterschiedlichen Lebensentwürfen unterschiedlicher gesellschaftlicher Milieus deuten wollen, wunderbar ins Bild. Dass dabei die Arbeiter- und Unterklassen per se als strukturkonservative soziale Gruppen dargestellt wurden, war auch keine Neuerung. Schließlich hatten sich viele französische Intellektuelle die zweite Hälfte der 1970er Jahre hindurch um den Nachweis bemüht, dass das politische Denken der organisierten Arbeiterklasse per se von reaktionären und autoritären Handlungsmustern durchzogen sei (dazu sehr gut: Christofferson 2009). Behauptungen aber, die versuchen, die Unterklasse pauschal als natürlichen Gegner einer lebensweltlichen Moderne und des gesellschaftlichen Fortschritts, besonders im Angesicht der Krise des fordistischen Kapitalismus, darzustellen, müssen – zumal diese Begriffe in ihrer Pauschalität ebenfalls fragwürdig sind – in Frage gestellt werden. Vor allen Dingen muss Schluss gemacht werden mit dem betonten »Antiökonomismus« solcher Analysen. Die sozialen Transformationsprozesse in den Vorortgemeinden stellen sich deshalb auch komplexer dar, als Christophe Guilluy meint. Schon die Darstellung der »Suburbanisierung« als Herausbildung einer rein weißen, sozial abgestiegenen Schicht mit proletarischem Hintergrund, die bewusst zur Kerngruppe der neuen Unterschicht verklärt wird, ist viel mehr politisches Programm denn Realität. Viel eher scheint es so, dass sich die Unterstützer des FN aus dem Kern einer sogenannten unteren Mittelschicht rekrutieren, die auf die Verteidigung von kleinen Privilegien bedacht ist. Und diese fürchtet, dass eine gleichberechtigte Existenz aller in Frankreich lebenden Menschen die eigenen kleinen Konkurrenzvorteile wieder zunichtemachen könnte, die man durch das Eigentum erlangt hat, wodurch der bescheidene soziale Aufstieg schnell wieder Geschichte wäre. Deshalb unterstützen Teile der Hausbesitzer diese »Präferenz der Ungleichheit«- eine Formulierung des Soziologen François Dubet –, die sie als legitimes Ergebnis der eigenen Leistungsbereitschaft betrachten (Dubet 2014: 32).

An dieser Stelle muss erst einmal offen bleiben, ob derartige Einstellungsmuster tatsächlich in diesem Maße vorhanden sind. Allerdings sind es gerade die verantwortlichen Kommunalpolitiker der sich entwickelnden Vorortgemeinden, die ein derartiges Abgrenzungsbedürfnis bei der Planung ihrer neuen Wohnviertel erkennen lassen, indem sie subtile Methoden entwickeln, z. B. durch den Versuch, die Grundstückspreise in die Höhe zu treiben, um den Zuzug (migrantischer) sozialer Aufsteiger aus den urbanen Zentren deutlich zu erschweren (Lambert 2013: 122). Denn entgegen der öffentlich geführten politischen Debatten gibt es selbstverständlich migrantische Milieus, die auf die breit gefächerten Angebote des Staates zurückgreifen und zu Eigentümern aufsteigen. Was in der Folge zu Spannungen mit den Alteingesessenen führt. Doch da die Prozesse auch in den »Quartiers populaire« der Banlieues ablaufen, entstehen Ressentiments nicht nur entlang ethnischer Bruchlinien, sondern selbst innerhalb der vermeintlich einheitlich deklassierten nicht-weißen gesellschaftlichen Gruppen (Gilbert 2013: 102).

Sarkozys Politik trug dennoch dazu bei, dass die die 2000er Jahre, trotz des Wahlerfolges 2002, eher ein Jahrzehnt der Krise für den FN waren, das mit schlechten Wahlergebnissen in der Phase 2004 bis 2010 einhergingen. So umwarb Sarkozy ganz gezielt die Wähler des FN und ergänzte seine rechtsnationalistischen »Law and Order«-Politik zugunsten einer Stärkung eben jener Immobilienbesitzer aus der Mittelschicht. Eine Wählergruppe, der sich die gesamte Rechte ohnehin seit den späten 1970ern sehr verbunden sah und die in weiten Fraktionen der Mittelschicht ein höchst widersprüchliches Bewusstsein hinterlassen hat. So wurde das Bild des Mittelschichtsangehörigen, der samt Familie stadtnah wohnt und durch sein kleines Eigentum eine sichere Altersvorsorge schafft, zum Leitbild; der »Traum vom Einfamilienhaus entstand«. Die Politik schichtete die staatlichen Mittel für den Wohnungsbau so um, dass immer mehr Menschen sich diesen Traum auch tatsächlich erfüllen konnten (Lambert 2015: 8). Unter Nicolas Sarkozy schließlich erreichte diese Politik einen neuen Höhepunkt, als 2009 eine weitere Serie von Maßnahmen verabschiedet wurde, die billige staatliche Kredite, Steuererleichterung und Subventionen für Gemeinden, die Bauflächen auswiesen, gewährten. Während der Sozialstaat verteufelt wurde, erklärte die Rechte den sozialen Aufstieg zur individuellen Pflicht. Die Entwicklungen der letzten vier Jahrzehnte haben dazu beigetragen, dass gut 60% der französischen Haushalte Besitzer ihrer Immobilie sind (Lambert 2015: 11). Es verwundert auch nicht, dass diese Politik zu einer »Erosion solidarischer Einstellungsmuster« und zur Zustimmung zu neoliberalen Politikangeboten in relevanten Teilen der Gesellschaft geführt hatte. Im Jahr 2006 stimmte, laut CEVIPOF, sogar eine Mehrheit der befragten Arbeiter der Aussage zu, »dass die Unternehmen mehr Freiheit bräuchten« (Levebre/Sawicki 2007: 25). Nicolas Sarkozy gelang es, diesen Milieus zu vermitteln, dass nur ein wirtschaftsliberales Regime Wachstum, Beschäftigung und eine steigende Kaufkraft für alle diejenigen bringen würde, die willig seien.

In der Folge geriet der Front National sogar an den Rande des Bankrotts und musste 2010 einen Großteil seiner hauptamtlichen Mitarbeiter entlassen. Sogar die Parteizentrale mussten verkauft und die Publikation der Parteizeitung eingestellt werden. Man spekulierte hinter vorgehaltener Hand sogar bereits über das Ende des FN (Dézé 2015: 53).

Doch Sarkozys Politik scheiterte. Die Arbeitslosenzahlen stiegen, die Kaufkraft sank. Gerade von jenen, die 2012 meinten, sich am unteren Ende der Gesellschaft zu befinden, wurde Sarkozy als »Präsident der Reichen« aufs tiefste verachtet, wie verschiedene Studien immer wieder bestätigen. Deshalb konnte sich bereits 2011 das Blatt wieder zugunsten von Marine Le Pen wenden. Bei den Kantonalwahlen wurden 15,2 % erreicht, was einem Plus von ca. 10 % gegenüber dem Ergebnis von 2008 bedeutete (Perrineau 2013: 228).

Bei der räumlichen Betrachtung fällt auf, dass der FN damals nicht überall gleich stark abschnitt. So lässt sich sagen, dass die Hochburgen des Front National entlang des Mittelmeeres und der Ostgrenze Frankreichs (Elsass) verliefen. Starke Wahlergebnisse erzielte der Front auch in der Île-de-France (mit Ausnahme des Banlieue rouge und der Städte Paris und Lyon) und in der Region Nord-Pas-de-Calais (Delwitt 2012b: 127).

Die Präsidentschaftswahl 2012 sah den FN dann zum ersten Mal mit einer neuen Kandidatin antreten. Der Tochter Jean-Marie Le Pens, Marine Le Pen. Diese erreichte 17,9 % der abgegebenen Stimmen, was in absoluten Zahlen ca. 6,4 Millionen Stimmen entsprach. Allerdings ging der Stimmenanteil der Ultrarechten gemessen an ihrem bisherigen Höchststand 2002 um 1,3 Prozent zurück (Perrineau 2012: 14).

Besonders in den alten Hochburgen der 1980er und 1990er Jahre schaffte es der FN nach der herben Niederlage 2010, wieder deutlich an Stimmen zuzulegen. Hier lagen die Zugewinne zwischen 8,9 % und 10,9 % und Nicolas Sarkozy musste gegenüber 2007 deutliche Stimmenverluste einstecken. Es zeigte sich auch, dass die Linke besonders dort wenig zulegte, wo der FN stark war (Perrineau 2013: 229). Auch in den alten katholischen Regionen Frankreichs im Osten fasst der FN langsam Fuß. Gleiches lässt sich für die Mitte Frankreichs feststellen (Perrineau 2012: 14).

Dennoch, die Regionen, die in früheren Jahren die Hochburgen der französischen Christdemokratie gewesen waren, bescherten dem FN nur durchschnittliche Ergebnisse. Hier konnte sich Nicolas Sarkozy besser behaupten und verlor weniger Stimmen an den FN als in anderen Regionen. Dies betrifft vor allem den Westen Frankreichs (Fourquet 2012: 2). Die höchsten Ergebnisse erzielte der FN in den Départements Vaucluse (27 Prozent), l'Aisne (26,3 Prozent) und Meuse (25,8 Prozent). Im Département Gard, einer alten Hochburg des FN, bedeuteten 25,5 Prozent sogar den Spitzenplatz (Berruyer 2012: 1).

Drei »sozioprofessionelle Gruppen« sind überdurchschnittlich unter den FN-Wählern vertreten. Dabei handelt es sich einmal mehr um die Arbeiter (ca. 31 Prozent), die Angestellten (ca. 25 Prozent) und die Handwerker und Geschäftsleute (ca. 21 Prozent) (Berruyer 2012: 3). Besonders die 35- bis 49-Jährigen neigten überdurchschnittlich zur Stimmabgabe für den FN. So stimmten sie zu 25 Prozent für Marine Le Pen (Berruyer 2012: 7). Gleichzeitig schätzen FN-Wähler ihre finanzielle Lage als »besonders schwierig« (ca. 32 Prozent) bzw. »schwierig« (ca. 25 Prozent) ein. Für 91 Prozent der FN-Wähler war der »Schutz vor der Globalisierung« das wichtigste politische Thema (Berruyer 2012: 10). Deswegen beharrten etliche Beobachter wie Pascal Perrineau, der Leiter des CEVIPOF (dem Politikwissenschaftlichen Forschungszentrum des Institut d'études politiques de Paris, kurz Sciences Po), darauf, die Stärke des FN als Ausdruck einer wachsenden Verelendungstendenz innerhalb der französischen Gesellschaft zu deuten. Nämlich als Ausdruck des »Leidens der Vernachlässigten der alten Industrieregionen, das ergänzt werde »durch das ländliche Elend und die Unsicherheiten des periurbanen Raumes«. Somit sei Marine Le Pen die Kandidatin der »Arbeiter und Armen« (Perrineau 2012: 14; Berruyer 2012: 16).

In den Großstädten sanken die Stimmenanteile für den FN allerdings immer weiter. So erreichte Le Pen in Paris beispielsweise nur 6,2 Prozent. Auch in den Pariser Vorstädten landete Le Pen deutlich abgeschlagen hinter den »linken« Kandidaten der Sozialisten Hollande und dem der Front de Gauche (PCF und Parti de Gauche) Mélenchon oftmals nur auf Rang 4. Dagegen war der Unterschied der Wahlergebnisse zwischen Stadt und suburbanem Umfeld wieder deutlich ausgeprägt. So erreichte Le Pen z.B. im Département Val d'Oise, welches nur knapp 40 km außerhalb des Pariser Stadtzentrums liegt, 15,6 Prozent. Ein Unterschied von fast 10%. Auch dieser Verwaltungsbezirk ist geprägt von Einfamilienhäusern und Angehörigen der unteren Mittelschicht (Cartier u.a. 2008). Diesen Erfolg erzielte Marine Le Pen nicht zuletzt deshalb, weil sie die Wichtigkeit des sozialen Aufstieges immer wieder in ihren Reden betont. Damit verschafft sie sich in diesem Milieu Gehör. Dabei greift sie auf die Thesen Guilluys zurück: »Dieser heilige Pakt, der den Zement der Nation bildete, war das Versprechen, allen die Möglichkeit zum sozialen Aufstieg zu bieten. Doch weil sie schon seit langem von den verschiedenen Regierungen, die in den letzten Jahrzehnten aufeinanderfolgten, aufgeben wurden, waren es zuerst die Franzosen der Volksklassen, die sich von diesem ›Sozialvertrag‹ ausgeschlossen und vergessen fühlten. Sie waren die ersten, die erkannten, dass es für sie und ihre Nachkommen keine Zukunft gab« (Alduy/Wahnich 2015: 192). Allerdings hat gerade in den letzten Jahren in Frankreich tatsächlich eine wahrhafte Deklassierungsangst um sich gegriffen. So fürchten beispielsweise 60 % der Franzosen, obdachlos zu werden. Obwohl gerade einmal 0,16 % von Obdachlosigkeit betroffen sind. In Wirklichkeit war 2006 der Anteil derjenigen, die sozial aufsteigen, nach wie vor höher als der Anteil derer, die tatsächlich ihren sozialen Status verloren hatten (15,6 % gegen 6,5 %) (Dubet 2014: 36). Die statistischen Erhebungen des nationalen Statistikamtes belegen indessen, dass mehr als die Hälfte der französischen Haushalte ihre ökonomische Situation falsch einschätzen und sich (und Frankreich) gar im ökonomischen Niedergang sehen, obwohl diese Einschätzung objektiv nicht richtig ist (vgl. INSEE 2014).

Kontinuität oder Bruch? Die Wahlergebnisse des FN 2012–2015
Viele der Entwicklungen und Erklärungsansätze, die man im Vorfeld der der Präsidentschafts- und Parlamentswahlen 2012 skizziert und als maßgeblich für den Erfolg des Front National angesehen worden waren, und die weiter oben versucht wurden darzustellen, haben sich in den letzten drei Jahren bestätigt. So steigen die Wahlergebnisse des FN weiter an bei gleichzeitiger hoher Wahlenthaltung. Außerdem stabilisieren sie sich auf einem Niveau, das schon in den 1990ern erreicht worden war. Gerade die Départementswahlen 2014, die den FN im ersten Wahlgang ein Ergebnis von gut 25 % bescherten, bedeuteten ein Plus von 10 % gegenüber 2011. Damit blieb die Partei aber deutlich unter dem, was ihr die Demoskopen vorhergesagt hatten (Dézé 2015: 1). Auch die Europawahlen 2014, aus denen der FN mit den meisten Stimmen und einem Plus von 18,5 Prozent hervorging, zeigen die Aufwärtsbewegung der Partei. Gleiches gilt für die Kommunal-

wahl, die im März desselben Jahres stattgefunden hatte, bei der der FN und seine Verbündeten aufgrund des Mangels an Kandidaturen nicht flächendenkend antreten konnten und nur 3,7 Prozent zulegen konnten (Dézé 2015: 53). Dies reichte aber, um 11 Bürgermeisterämter zu erringen. Hochburgen bleiben weiterhin die Mittelmeerregion und der Nordosten, wo auch ein Großteil der Bürgermeisterämter und Kommunalmandate gewonnen werden konnte (Bouthier 2015).

Eine Entwicklung, die ebenfalls seit Jahren zu bemerken ist, setzte sich bei diesen Wahlen ebenfalls fort: starke Wahlergebnisse des FN in solchen Gemeinden, die durch große soziale Ungleichheit geprägt sind (Le Bras 2015). Hier zeigte allerdings eine Studie über die Kommunalwahlen in Perpignan, eine der ganz alten Hochburgen des FN und unter den zehn ärmsten Gemeinden Frankreichs, dass die Armut offensichtlich indirekt wirkt. So gab es hier zwar in den Vierteln, die zu den ökonomisch benachteiligten zu zählen sind, hohe Stimmanteilen für den FN, allerdings waren dies in der Regel auch Viertel an den Stadträndern, die sich ohnehin durch einen relevanten Anteil an Einfamilienhaus-Siedlungen auszeichneten. Die höchsten Stimmanteile in Perpignan erzielte der FN in den Stadtvierteln mit den höchsten Bodenpreisen, also den »Reichenvierteln«, um es etwas pauschal zu formulieren (Fourquet u. a. 2014). Vieles scheint eher darauf hinzuweisen, dass eine Polarisierung zwischen Armen und Deklassierten einerseits und den wohlhabenderen sozialen Gruppen andererseits stattgefunden hat.

Bleibt noch die Debatte darüber zu führen, ob sich die Wählerschaft des Front National seit 2012 wirklich verändert hat. Über den hohen Anteil proletarischer Milieus unter den FN-Wählern wurde bereits gesprochen und es wird später noch einmal detaillierter aufgegriffen. An dieser Stelle soll zwei populären Thesen nachgegangen werden: Erstens gilt es, die Behauptung zu überprüfen, dass die Wählerschaft des FN weiblicher und jünger geworden sei. Diese These ist nach wie vor umstritten. So entfielen laut den Demoskopen des Meinungsforschungsinstitutes Ipsos im April 2012 von den insgesamt abgegebenen weiblichen Stimmen 15% auf Marine Le Pen, während es von den abgegebenen männlichen Stimmen 21% gewesen seien. Dies entsprach ungefähr der Verteilung von 2002, als es 14% der weiblichen und 20% der männlichen waren. Der »gender gap« blieb laut diesem Institut zu Folge also nahezu gleich. Dagegen ermittelten die Kollegen des Instituts CSA, beide Geschlechter hätten zu gleichen Anteilen für Marine Le Pen gestimmt (Dézé 2015: 58). Diese Meinungsverschiedenheit zwischen den Demoskopen hält bis heute an. Mal wird die völlige Angleichung der Geschlechter postuliert, mal wird weiter von der klassischen These ausgegangen, dass über zwei Drittel der Wähler des FN männlich sind (Dézé 2015: 58).

Auch die These der Verjüngung soll kurz angesprochen werden, da sie nach den Europawahlen 2014 diskutiert wurde. So hatten einzelne demoskopische Erhebungen den Anteil der Erstwähler unter den FN-Wählern auf 28 Prozent geschätzt (Déze 2015: 59). Eine Tatsache, die allerdings eher der niedrigen Wahlbeteiligung der 18- bis 24-Jährigen geschuldet war, als der großen Begeisterung der jungen Menschen für den FN. Offensichtlich hatten nur 7 Prozent der registrierten Jungwähler auch an der Europawahl teilgenommen (Le Bras 2015b).

Der typische FN-Wähler im Jahr 2015 ist also höchstwahrscheinlich nach wie vor männlich, nicht akademisch gebildet und Arbeiter, Angestellter oder kleiner Unternehmer. Die Wählerschaft des FN rekrutiert sich also nicht nur aus einer gesellschaftlichen Klasse. Außerdem finden sich weit verbreite, latent antisemitische Einstellungsmuster unter FN-Wählern. So sind fast die Hälfte der selbsterklärten Wähler dieser Partei der Meinung, dass der jüdische Einfluss auf die Ökonomie und den Finanzsektor zu groß sei, während diese Aussage vom Rest der Wähler »nur« zu einem Viertel geteilt wird (Fondapol 2014: 17). Dagegen findet der FN kaum Widerhall bei den Beschäftigten des öffentlichen Dienstes, Akademikern und Angehörigen des höheren Bürgertums. Diese Zahlen unterscheiden sich wenig von denen, die auch in den 1990ern und 2002 für Jean-Marie Le Pen ermittelt worden sind (Dézé 2015: 60).

Dem FN gelingt es allerdings, nicht nur seine Wähler besser zu mobilisieren, sondern auch die Wählerbasis teilweise noch auszubauen. So schaffte es der FN, in etlichen Stichwahlen bei der Départementswahlen im Frühjahr 2015 wie auch bei der Parlamentsnachwahl

(Februar 2015) im 4. Wahlbezirk des Doubs (47% für den FN) sowie in seinen Hochburgen relevante Teile der Wählerschaft der rechtsbürgerlichen UMP zu gewinnen, nachdem deren Kandidaten im ersten Wahlgang ausgeschieden waren. Ohne diese Wähler wären die Erfolge in den Stichwahlen bei den Wahlen im Frühjahr 2015 nicht möglich gewesen. Trotzdem entschieden sich nach wie vor mehr FN-Wähler, im Falle des Ausscheidens des eigenen Kandidaten in den Stichwahlen bürgerliche Kandidaten zu unterstützten, als es umgekehrt der Fall ist (Dézé 2015: 63).

Der vergebliche Versuch des FN, eine Massenpartei zu werden
Während sich die Wahlergebnisse des FN konstant im zweistelligen Bereich einpendeln und viel darüber diskutiert wird, ob es der Partei nun endlich gelinge, eine breite, starke Organisation aufzubauen, zeigt ein nüchterner Blick, dass derartige Versuch eher bescheiden ausgefallen sind. So versuchte man zwar, im gewerkschaftlichen Feld aktiv zu werden, hatte aber keine nennenswerten Erfolge zu verzeichnen (Camus 1998: 69). Da die Programmatik des FN jede Art von Interessengegensatz von Kapital und Arbeit auf schärfste ablehnte, fand sich keine ideologische Basis, auf der man hätte Betriebsarbeit machen können.

Erfolgreicher war man nur kurzzeitig unter Polizeibeamten, wo eine FN-nahe Liste bei Gewerkschaftswahlen 1993 5,24 Prozent erzielen konnte. Auch bemühte man sich 1996, die sozialen Aktionsformen zu verändern, allerdings war man weiterhin ein solider Unterstützer von Streikbrecherkomitees. Auch der Versuch, sich die Unzufriedenheit der Mieter von Sozialwohnungen zunutze zu machen, brachte nicht den gewünschten Erfolg einer Verankerung in den »classes populaires« (Camus 1998: 74).

Erfolgreicher war man allerdings kurzzeitig in einem Kernbereich der eigenen Zielgruppe: den Handwerkern und Ladenbesitzern. So war Gérard Nicoud, der Vorsitzende des Interessenverbandes CDI-UNATI, eines eher marginalen Verbandes von Kleinunternehmern, nicht nur Mitglied des FN, sondern saß auch noch zwischen 1986 und 1988 zwei Jahre lang für den FN in der französischen Nationalversammlung. Der Großteil der Mitglieder des Verbandes folgte diesem Schritt aber nicht (Camus 1998: 74). Allerdings näherte sich auch der wichtigste Verband der kleinen und mittelständischen Unternehmer (SNPMI) in den 1980ern zeitweise dem FN an. Dies lag nicht zuletzt daran, das an der Spitze ein Vichy-Kollaborateur« und Tixier-Anhänger stand. Als es 1985 zwischen der parlamentarischen Rechten und dem FN zum Streit über die Kontrolle dieses Verbandes kam, setzte sich der FN durch. Aber auch hier ging nur die Spitze und nicht die Basis den Schritt zum FN mit. Ab 1986 verlor der Verband an Bedeutung (Camus 1998: 74).

Außerdem versuchte man ab den 1980er Jahren, eine Reihe weiterer Organisation für andere Berufs- und Statusgruppe ins Leben zu rufen; so zum Beispiel Organisationen für national orientierte Beschäftige im Bildungssystem, für Junge, im Gesundheitssystem und der Armee. Dasselbe versuchte man im Agrarsektor unter Behinderten usw. In den 1990ern existierten mehrere Dutzend dieser Zirkel, ohne allerdings jemals eine eigene wirkliche Aktivität zu entwickeln (Dézé 2015: 26).

Auch die Mitgliederentwicklung des FN zeigt eher nicht nach oben. Zwar gibt der FN an, 75.000 Mitglieder und Sympathisanten zu haben, doch dürfen es höchstens 40.000 reale Mitglieder sein. Wahlberechtigt zur parteiinternen Abstimmung über die Nachfolge von Jean-Marie Le Pen im Januar 2011 waren sogar »nur« 22.403 Mitglieder (vgl. Amjahad/Jadot 2012: 68). Trotzdem wird der FN nicht müde, einen ständigen Mitgliederzuwachs zu verkünden. So sollen es zum Zeitpunkt des letzten großen Parteikongresses im letzten Herbst 83.000 Mitglieder gewesen sein. Wahlberechtigt für die parteiinterne Abstimmung zur Bestätigung von Marine Le Pen an der Parteispitze waren allerdings nur gut 40.000 Mitglieder, von den angeblich nur die Hälfte an der Abstimmung teilnahm, was den Zahlen von 2011 entspricht. Rein von der quantitativen Ebene betrachtet, zeigt sich also, dass der FN keine großen Fortschritte gemacht hat (Dézé 2015: 65).

Doch welche Veränderungen haben sich in der Mitgliederstruktur ergeben? Oft wird mit dem Verweis auf die Veränderungen an der Führungsspitze darauf verwiesen, dass ähnliche Prozesse auch in der

Mitgliedschaft von statten gingen. Leider kann diese Arbeit auf diese Fragen keine befriedigende Antwort bieten, da Studien, die ganz gezielt die Sozialstruktur oder auch verbindende biographische Aspekte der Mitgliedschaft unter die Lupe genommen hätten, nicht vorliegen. Deshalb muss hier nochmals darauf verwiesen werden, dass alle Studien, die im letzten Jahrzehnt entstanden sind, betonen, dass es das idealtypische Mitglied nicht gibt. Vielmehr fänden sich Angehörige aller sozialen Gruppen und politischer Einstellungsmuster im FN wieder.

Die Berichte zahlreicher Ex-Mitglieder, die zum Großteil aus der UMP seit 2011 zum FN gestoßen waren, zeigen, dass die Partei einen doppelten Diskurs betreibt. Während sie nach außen gerne ein gemäßigtes Bild von sich selber präsentiert, wüten im Inneren die alten politischen Analysen und Themen fort. Konkret gesprochen: Rassismus, Antisemitismus und Homophobie (Dézé 2015: 68 f.).

All diese hier aufgelisteten Merkmale, die vonseiten quantitativ arbeitender Sozialwissenschaftler als wichtig und ausschlaggebend für oder gegen die Unterstützung des FN bezeichnet werden, unterliegen dem Problem, dass in ihrer Interpretation häufig vorgefertigte Annahmen, um nicht zu sagen Klassendünkel, dominieren, ohne dass ein Versuch unternommen wird, die subjektiven Gründe der Wählerinnen und Wähler des FN näher zu untersuchen. Dies soll an der Debatte über den Nationalpopulismus kurz gezeigt werden. Anhand von Erkenntnissen aus ethnologischen Forschungsarbeiten, aber auch aus gezielten Daten über das Klassenbewusstsein im speziellen der Arbeiter soll diese Leerstelle dann in den folgenden Abschnitten geschlossen werden.

4.2
Der Nationalpopulismus des FN

Einer der frühesten Versuche, die den Erfolg des FN erklären sollten und der bereits ab Mitte der 1980er Jahre kursierte, bestand in der These, beim Front National würde es sich um eine nationalpopulistische Partei handeln. 1984 von P. A. Taguieff eingeführt, wurde diese

Beschreibung ab 1987 zur allgemein gültigen Definition des Front National.

Laut Taguieff war der Erfolg des FN vor allem auf seinen »antielitistischen und rassistischen Diskurs« zurückzuführen; auf die Person des Führers Jean-Marie Le Pen, der für das »Wohl des Volkes« die Guten gegen die Eliten ausspielte, die »als falsch und dekadent« bezeichnet wurden, also die »Bösen« waren. In diesem Diskurs standen also »echte Menschen« »falschen Eliten« gegenüber. Die Methode des populistischen Diskurses sei es, diese Spaltung aufrechtzuerhalten und möglichst vielen Menschen glaubhaft zu versichern, dass sie Teil dieser »Gemeinschaft der echten Menschen« seien, der sich jeder je nach Bedürfnis anschließen könne. Ergebnis sei eine »identitäre ausschließende (nationale) Gemeinschaft«, deren einziges Ziel es sei, »unter sich zu sein« (Lecoeur 2003: 257).

Es war das persönliche »Charisma« des Jean-Marie Le Pen, dem es durch sein Auftreten und seine Herkunft aus dem Volk gelungen sei, die mit der wirtschaftlichen und sozialen Krisensituation Unzufriedenen von links und rechts zu verführen. Damit habe er die Politik der charismatischen Führer seit Boulanger fortgesetzt, die durch ihre soziale Rhetorik auch noch unter Beweis stellen würden, dass sie eigentlich Linke seien (Collovald 2004: 37).

Einen angeblich »fassbaren wissenschaftlichen Nachweis«, dass es eine nachhaltige Zusammenarbeit zwischen der politischen Linken und dem nationalistischen Lager gegeben habe, lieferte der schon erwähnte Zeev Sternhell. Seine These, dass nämlich die Radikalisierung der französischen Rechten zu Beginn der III. Republik nicht das Produkt einer Rechtsentwicklung des Bürgertums, sondern eine Marxismusrevision gewesen und demzufolge von revisionistischen Linken ausgearbeitet worden sei, ist ja schon angesprochen worden. Gerne bedienten sich in der Folgezeit die französische Geschichts- und Sozialwissenschaftler in ihren Veröffentlichungen bei Sternhell. Einerseits konnten die Akteure aus dem wissenschaftlichen Establishment und die gesellschaftlichen Eliten am liberalen Mythos festhalten, dass die führenden Köpfe der französischen Politik- und Gesellschaft eine durchweg republikanische Haltung an den Tag gelegt hätten, andererseits konnte man ultrarechte Bewegungen nun einfach zu proletarischen erklären, die außerdem noch minoritär gewesen seien. Fand sich kein proletarischer Führer, handelte es sich einfach nicht um eine »authentische« rechte Bewegungen (Collovald 2004: 37).

Im Sinne des Theorems des Nationalpopulismus bestand die Gefahr des FN also nicht darin, »antidemokratisch und elitär zu sein«, sondern im Gegenteil, die eigentliche Bedrohung bestand in der angeblich zu demokratischen Orientierung der Partei. Der »Aufruf an das Volk«, der die Kleinen, also die »Vox populi« gegen die Großen mobilisiere, sorge nämlich für ein »Verschwinden der (notwendigen) Distanz« zwischen Volk und Eliten und führe zu einer (falschen) Spaltung der Gesellschaft (Lecoeur 2003: 257). Ein hinterhältiger Diskurs, erfolgte die Kritik am FN doch, indem ihrem Gesellschaftsbild zugestimmt wurde und der Forderung nach einer »hierarchischen, antidemokratischen und kapitalistischen« Gesellschaft.

Deshalb war es auch nur eine Frage der Zeit, bis aus Sternhells »Nationalsozialismus« Winocks »Nationalpopulismus« wurde. Der Versuch, durch die Einführung des Begriffs Nationalpopulismus eine natürliche Verbindung zwischen Volksklasse und dem FN zu konstruieren, sollte dazu dienen, die Sorgen des Volkes zu denunzieren. Der für die Mittel- und Oberklasse »unheimliche und gefährliche« Charakter der Volksklassen lässt in diesen gesellschaftlichen Gruppen den Wunsch entstehen, dass die Unterklassen politisch an den Rand gedrängt werden müssten (Le Bohec 2005: 58).

Dass man sich dabei Le Bon'scher Denkfiguren bediente, der schon hundert Jahre vorher gegen die Massendemokratie als Ventil zur Machtübernahme durch die irrationalen Massen der Arbeiterbewegung argumentiert hatte, die in Form »hypnotisierter Massenbewegungen unter Führung demagogischer Figuren« stattfinde, sollte noch einmal klar machen, aus welcher Ecke des politischen Spektrums diese Kritik am FN stammte. Es war der erneute Versuch der herrschenden Klasse, die Demokratie als etwas Unmögliches darzustellen und die natürliche Herrschaft einer Minderheit über die Mehrheit zu rechtfertigen. Denn im Sinne Raymond Arons, des großen Vorbilds des französischen Liberalismus, waren sowieso nur 20 Prozent der Franzosen überhaupt in der Lage, ein derartiges Bildungsniveau zu erreichen, dass sie in der Lage versetzen würde, politische Ämter zu übernehmen (Schneckenburger 2012: 33f.; Hirschmann 1992: 37). Natürlich wäre die These vom angeblichen Populismus des FN nicht derart präsent in der öffentlichen Debatte, wenn sich nur Wissenschaftler mit dieser Frage befasst hätten. Die Popularisierung gelang allein durch die Medien. Da ein Großteil der Journalisten, die Teil der akademischen Diskussionsrunden sind, in denen solche Fragen diskutiert werden, selbst aus den oberen Schichten des Bürgertums stammt, ist es kein Wunder, dass diese karikaturistische Darstellung der untersten Schichten der Gesellschaft in den Zeitungen und Fernsehsendern auf einen derartigen Zuspruch stoßen. Durch die Neuorientierung der politischen Parteien, weg von der sozial verankerten Massenpartei hin zu einer auf Wahlkämpfe fokussierten, sozial entkoppelten »Parlamentspartei«, konnte sich der Populismusdiskurs noch leichter verbreiten, da Politik mehr und mehr über Meinungsumfragen legitimiert wird, in denen ständig der angeblich niedrige soziale Status der FN-Wähler wiederholt wird (Collovald 2015: 28).

Das kommt jenen im rechtsliberalen, sozialdemokratischen Spektrum nicht ungelegen, die den Versuch unternehmen, die Arbeiterklasse und die radikale Rechte miteinander zu verbinden. Schon im Vorfeld der Wahlen 2012 hatte der dem rechten Flügel der sozialdemokratischen »Parti Socialiste« (PS), die 1969 die Nachfolge der SFIO angetreten hatte, nahestehende Think Tank Terra Nova behauptet, dass der FN von einem neoliberalen Programm umgeschwenkt sei auf ein »Programm des ökonomischen und sozialen Schutzes, das dem des Front de gauche gleich sei. Zum ersten Mal seit 30 Jahren vertrete eine Partei alle Werte der Volksklasse: kulturellen, ökonomischen und sozialen Protektionismus« (Le Pollotec 2011: 15).

Le Pollotec führte die Argumentation Terra Novas weiter aus: »Anstelle der Verteidigung der reaktionären ökonomischen Standesinteressen dieser Insider«, die aus Angst den FN wählen, solle das »neue Frankreich lieber um kulturelle Werte herum aufgebaut werden«, die da wären: »Sittenfreiheit, die Freigabe von Drogen, Akzeptanz der Migration und des Islam«. Dieses Milieu würde vor allem

»aus Migranten, der Jugend und den Frauen bestehen«. Diese wären »gut ausgebildet, städtisch geprägt und nicht katholisch«. Diese Outsider würden aber durch »die Privilegien der alten Arbeiterklasse am Einstieg in den Arbeitsmarkt gehindert« (Le Pollotec 2011: 15).

Ziel Terra Novas war es also nicht mehr, für eine Veränderung der Gesellschaft zu kämpfen, sondern durch eine undifferenzierte Verurteilung die »Volksklasse« gegen die »Ausgegrenzten« auszuspielen und kollektive und gemeinsame Kämpfe zu verhindern. Stattdessen solle jeder individuell seinen Platz in der französischen Gesellschaft erkämpfen (Le Pollotec 2011: 15). Der FN, der den Großteil seines politischen Erfolges ohnehin der Sozialdemokratie verdankte, wurde also von dieser wieder einmal als »politisches Instrument« eingesetzt. Diesmal gegen die radikale Linke und die Arbeiterklasse. Das aber die Betonung des individuellen Erfolges eines jeden Einzelnen auf Kosten gesellschaftlicher Solidarität genau die Basis des Erfolges des FN ist, scheint man bei der PS nicht sehen zu wollen, wie in den nächsten Abschnitten noch einmal explizit gezeigt werden wird.

4.3
Die Alternativen der (linken) Linken – Ein Rückzug ins »Nationale«?

Spätestens mit der Übernahme der Amtes des Regierungschefs durch Manuel Valls im Sommer 2014 war für die Anhänger der politischen Linken klar, dass sich die französische Regierung vollends zu einem Transmissionsriemen der Interessen der obersten Fraktionen des Bürgertums gewandelt hatte. Unter dem allseits bekannten Schlagwort der Strukturreformen, die notwendig seien, um die französische Wettbewerbsfähigkeit wiederherzustellen, wird seitdem eifrig privatisiert und liberalisiert. Dabei steht vor allen Dingen die Flexibilisierung des Arbeitsrechts im Mittelpunkt. Und um Solidarisierungseffekte unter den Betroffenen nicht weiter zu schüren, wird gleichzeitig noch gegen Erwerbslose und Migranten Stimmung gemacht. Erstere sehen sich neuerdings dem Vorwurf ausgesetzt, per se Leistungsmissbrauch zu betreiben, weshalb die Arbeitsagenturen angewiesen wurden, verstärkt Kontrollen der Empfänger von Unterstützungsleistungen durchzuführen. Und Manuel Valls gefällt sich darin, ganz im Stile des Front National, unablässig das Migrationsproblem in den Mittelpunkt zu stellen (Fassin 2014: 28).

Während nun die sozialdemokratische Regierung immer weiter nach rechts rückt und die steigenden Zustimmungsraten zu Teilen des eigenen Regierungsapparates als erfolgreiche Integration rechter Milieus in die eigene Wählerschaft fehldeutet, führt die antisoziale und autoritäre »Law and order«-Politik zur »Entfremdung« bzw. zur weiteren Ausgrenzung der ärmsten und sozial am meistern abgehängten Gruppen der Gesellschaft, die mit sinkender Wahlbeteiligung in den Vorstädten und Armenvierteln einhergehen (Fassin 2014: 34).

Auch unter den politisch Aktiven, die den wirtschaftsliberalen Kurs der Sozialdemokratie und die sozial und ökonomisch schwierige Situation für die Mittel- und Unterklassen durchaus im Zusammenhang denken, wird ein Mangel an nationaler Souveränität als entscheidendes Problem konstatiert. Hier finden Erklärungsmuster einen Ansatzpunkt, die durchaus als »ethnische Obsession« (Esquerre/Boltanski 2014: 36) umgedeutet werden können. Zwar stehen meist ökonomische Aspekte im Mittelpunkt der Analysen. So gelte es, durch die Stärkung protektionistischer Maßnahmen wieder eine Art Souveränität über die Produktion und damit auch die Volkssouveränität zu gewinnen (Bernier 2014). Jedoch fühlen sich viele Linke in geradezu mythischer Weise der Nation verbunden, da sie als das unmittelbare Produkt der Französischen Revolution gilt, die als ein Projekt »von unten« angesehen wird. Demzufolge ist die nationale Souveränität, ergänzt um eine sozialstaatlich regulierte Republik, für viele linke Franzosen nichts Konservatives oder Reaktionäres, sondern eine zutiefst demokratische Angelegenheit.

Allerdings ist jedes nationales Kollektiv auch darauf ausgerichtet, sich ab- und damit andere auszugrenzen. In der republikanischen Variante Frankreichs mag dies zwar nicht durch rassistische Blut-und-Boden-Theoreme gekennzeichnet sein. Hier sind es vielmehr die Bildungsinstitutionen, die die nachrückenden Generationen zu französischen Staatsbürgern formen und sie in die Lage versetzen sollen, ihre

Rechte wahrzunehmen. Damit verbunden ist aber die Vermittlung einer festgefügten »Kultur- und Geschichtsphilosophie«, die nicht nur die Grenzen des Staates als Endpunkte der politischen Betätigungsfelder sieht, sondern die auch von all jenen Menschen, die ihre Heimat erst später in Frankreich gefunden haben, eine tendenzielle Assimilierung und eine Angleichung der eigenen Lebensgestaltung an diejenige der Mehrheitsgesellschaft fordert. Nicht zuletzt deshalb sind die Debatten über einen angeblich überbordenden Multikulturalismus migrantischer Milieus auch in der Linken attraktiv.

Oft werden aber auch die ökonomischen Prozesse zu kulturellen Problemlagen umgedeutet. So gilt die Öffnung Frankreichs für ausländisches, insbesondere US-amerikanisches Kapital vor allem oft als Bedrohung der eigenen Lebensart. Hier bestehen Anknüpfungspunkte für die Agitation des FN. Auch Jean-Luc Mélenchon z. B. sah lange Zeit nicht die europäische Option, alle subalternen Milieus zu vereinen, um geschlossen gegen die längst transnational agierenden Konzerne und Elitenetzwerke agieren zu können. Auch für ihn konnte das Ergebnis demokratischer Erneuerung nur die Stärkung der Rolle Frankreichs in der Welt sein (Mélenchon 2014). Im aktuellen Verständnis der französischen republikanischen Nation bestehen linke und rechte Versatzstücke nebeneinander – ein Produkt des herrschenden Blocks, der seit dem frühen 20. Jahrhundert an der Macht ist. Es enthält Zugeständnisse der Eliten an die klassischen kleinbürgerlichen Fraktionen und damit einhergehend das Selbstverständnis, eine durch die bäuerlichen Milieus geprägte Ökonomie zu sein. Es enthält auch Zugeständnisse an die schrittweise stattfindende Integration der Arbeiterklasse in den Staat in der Folge der Volksfrontregierung nach 1936 und des institutionalisierten Sozialstaates nach 1945. Auch der PCF bekannte sich nun zur Nation und begründete sein Handeln mit Bezug auf die jakobinische Phase der Revolution und auf Robespierre (Martelli 2010: 50-53).

Heute hat das Bürgertum diese Grenzen längst gesprengt und ist international vernetzt. So werden die eigenen Kinder z. B. auf internationale Schulen geschickt und sprechen mehrere Sprachen (Pinçon/Pincon-Charlot 2007: 72-80). Ein Aspekt, der von französischen Linken oftmals übersehen oder als unpatriotisches Verhalten gebrandmarkt wird.

Es dominiert häufig weiterhin die Idee einer nationalen Gemeinschaft, die durch spirituelle oder metaphysische Erzählungen zusammengehalten wird. Dies war wichtig, als es zur Zeit der Konterrevolutionen in Folge der Ereignisse von 1789 bis 1792 galt, die regionalistischen Strukturen des Landes zu überwinden, um eine wirkliche Republik der Gleichen zu bilden, die die Bedrohungen von außen durch die Interventionsarmeen abwehren konnte (Noiriel 2015: 20f.).

Heutzutage ist die Vorstellung, dass die Menschen durch eine nationale Schicksalsgemeinschaft verbunden sein müssten, um gemeinsam ihre Zukunft zu gestalten, eher hinderlich als förderlich. Schließlich wird hier die subjektive kulturelle Nähe und damit das Zusammengehörigkeitsgefühl mit den Angehörigen des Bürgertums höher gewichtet als die objektive Nähe des Großteils der gesellschaftlichen Gruppen Frankreichs zu den subalternen Milieus anderer Staaten und Gesellschaften.

4.4
Die Arbeiter und der FN – eine natürliche Allianz?

Der Gaucho-Lepenisme oder Links-Lepenismus
Die Linke selber ist also durchaus ein Faktor, die ihre Sympathisanten nicht unbedingt davon abhält, nationale und ausgrenzende Erklärungsmuster zu liefern. Jenseits der akademischen Debatten allerdings gibt es zahlreiche sozialwissenschaftliche Indikatoren, die dabei helfen, ein nüchterneres Bild der Arbeiterklasse zu zeichnen. Dass Arbeitermilieus seit den 1990ern treue und stabile Wähler des FN sind, kann und soll dabei nicht negiert werden. Schließlich lassen sich in anderen europäischen Ländern ähnliche Entwicklungen feststellen (Lehingue 2011: 242).

Glaubt man schließlich den Forschungsarbeiten, die aufbauend auf Adornos Arbeiten zum autoritären Charakter derartige Einstellungen auch unter den Angehörigen der Arbeiterklasse untersuchten, dann sind Arbeiter für »autoritäre« Werte wie Ausländerfeindlichkeit, Nationalismus und antidemokratische Gesinnung besonders anfällig. Einstellungen, die besonders in den 1980ern mit dem Rückgang des Einflusses der Linken in den Arbeitermilieus zu erklären seien. Allerdings weisen andere Studien derselben Zeit darauf hin, dass fremdenfeindliche Einstellungen unter Arbeitern keinesfalls durchgehend höher seien als in anderen Bevölkerungsgruppen (Bréchon 2012b: 41f.).

Trotzdem entwickelte der Politikwissenschaftler Pascal Perrineau 1995 die These vom »Gaucho-Lepenisme« (Links-Lepenismus) (Perrineau 1997: 84). Ausgangspunkt war, dass sich anhand der Nachwahlbefragungen zur Präsidentschaftswahl von 1995 tatsächlich feststellen ließ, dass gut ein Viertel der Stimmen für Jean-Marie Le Pen von Arbeitern stammte (Lehingue 2011: 243). Perrineaus Erklärung dafür lautete: »Als Angehörige der ›Volksklassen‹ fühlen sie sich (die Arbeiter) nicht der Rechten zugehörig. Sie teilen vielmehr zahlreiche Werte und Einstellungen mit den Wählern der Linken, aber sie scheinen sich auf eine Stimme für den FN festgelegt zu haben aufgrund ihrer Ablehnung der politischen Klasse, der Fremdenfeindlichkeit, der sozialen Enttäuschung und der Feindseligkeit gegenüber dem Aufbau Europas« (Perrineau 1997: 218). Perrineau versuchte seine These zu beweisen, indem er darauf hinweist, dass der Front National seine größten Wahlerfolge vor allem in den Regionen habe, die eine industrielle Vergangenheit hatten und demzufolge Hochburgen der Linken seien wie Lothringen oder die Region Nord-Pas-de-Calais (Perrineau 1997: 85).

Tatsächlich zeichnen die vorhandenen empirischen Daten, so Lehingue, ein etwas anderes Bild von der Realität. Denn zur Wahrheit gehört auch, dass 1995 bereits fast 30 Prozent der wahlberechtigten Arbeiter sich der Wahl enthielten. Diese Nichtwähler aus den Arbeitermilieus müssen ergänzt werden um eine ebenso hohe Gruppe von Erwerbslosen und prekär Beschäftigen, die damals ebenso den Urnen fern blieben (Lehingue 2011: 244). Die Relationen haben sich seitdem nicht wirklich verschoben. Anstelle der öffentlich behaupteten Radikalisierung nach rechts entscheiden sich die französischen Arbeiter dafür, ihre Stimme nicht abzugeben (Lehingue 2011: 244). Perrineaus These kann also schon ein erstes Mal widerlegt werden.

Perrineau spricht auch von gemeinsamen Werten der Linken und der radikalen Rechten. Was sind das für Werte, die diese Wähler mit denen der Linken teilen? In erster Linie den »Antiliberalismus« und eine Art von »Kapitalismuskritik« (vgl. Gautier 2004: 55). Mit anderen Worten: Es bestehe ein enger Zusammenhang zwischen der Wahl der »Radikalen Linken« und »Radikalen Rechten«, da beide Seiten für eine Politik des sozialen Protestes stünden (Gougou 2007: 8). Die Stimmen für den FN seien somit ein »Aufschrei der unterdrückten Kreatur«, wie Alain Hayot die Analyse von Perrineau kritisch kommentiert, und würden somit »von den am meisten politisierten Teilen der alten PCF-Wählerschaft stammen« (Hayot 2011: 42).

Von einem Großteil der Wahlforscher wird diese These heute so nicht mehr vertreten. Vielmehr geht man davon aus, dass die erste Welle von Arbeitern, die den FN wählten, sich dem Lager der traditionellen Rechtswähler zuordnen lässt. Diese stammten, laut Gougou, vor allen Dinge aus sozial höher gestellten Arbeitermilieus oder waren Selbstständige, die sich nach wie vor kulturell der Volksklasse nahe fühlten. Ein Teil rekrutierte sich nach Gougous Meinung auch aus konservativen Arbeitermilieus, die vor allem aus ihrer Gegnerschaft zur Linken zum FN gefunden hatte (Gougou 2012: 153). Gougou weist damit auf einen Fakt hin, der in der aktuellen Debatte oft vergessen wird. So ist eine Stimme für einen rechten Kandidaten unter Arbeitern nichts Neues. In den 1950er und 1960er Jahren etwa stimmten 42 % aller Arbeiter für de Gaulle (vgl. Mayer 2012: 155). Auch die Entwicklung in den Folgejahren zeigte, dass ein gutes Drittel der Arbeiter bei Wahlen rechten Kandidaten und Parteien zuneigte (Huelin 2013: 17 f.).

Kehren wir noch einmal zu Gougou zurück. Dieser argumentiert weiter, dass diese klassischen konservativen Arbeitermilieus dem Front National aber später als Wähler wieder abhandengekommen seien. Stattdessen stammten die heutigen FN-wählenden Arbeiter aus ganz anderen Milieus. Diese sind vor allem jung und nicht mehr in der fordistischen Periode sozialisiert, die mit der Herausbildung eines starken Klassenbewusstseins verbunden war. Je stärker letzteres gewesen sei, desto stärker wurde und wird auch an der Wahl linker Kandidaten festgehalten (Gougou 2012: 151-154).

Hierzu hier sind die empirischen Daten, die Lehingue präsentiert, aufschlussreich: Hier zeigt sich tatsächlich, dass ein subjektives Zugehörigkeitsgefühl zur Arbeiterklasse die Zustimmung zum FN nicht steigen lässt. Doch je schwächer dieses Zugehörigkeitsgefühl ist, umso höher ist die Bereitschaft unter Arbeitern, eine Stimme für den FN abzugeben. Dieses Zugehörigkeitsgefühl sinkt allerdings seit Jahren konstant. Interessant ist die Tatsache, dass die Weigerung, sich subjektiv einer Klasse zuzuordnen, die höchsten Zustimmungsraten zum FN zur Folge hat (Lehingue 2011: 252f.).

Zur Entwicklung des Klassenbewusstseins der Arbeiter

Es hat sich also gezeigt, dass das Klassenbewusstsein abnimmt. Welche Gründe macht die Sozialwissenschaft dafür verantwortlich? Man ist sich darin einig, dass 1978 trotz der Verschiebungen seit 1968 ein linker Klassenbezug noch vorhanden war. Er hatte allerdings bereits 1973 seinen Höhepunkt erreicht (Gougou 2012: 147). Danach begann das Gefühl der Zugehörigkeit zur Arbeiterklasse zu schwinden. 1978 offenbarten die demoskopischen Erhebungen bereits eine starke Beunruhigung, die mit dem Gefühl einer in die Krise geratenen Gesellschaft einherging. Wichtigste Faktoren für die Konservierung des Bewusstseins waren für Michelat und Simon die Existenz relativ einheitlicher und solidarischer Kollektive auf unterer Ebene (Betrieb, Wohnviertel) und die Existenz starker Organisationen (Gewerkschaften, Parteien), die im politischen und sozialen Raum die Arbeiterideen geltend machen konnten und von denen sich die Arbeiter vertreten fühlten (Michelat/Simon 2004: 154).

Im Verlauf der 1980er Jahre brach das Gefühl der Zugehörigkeit zur Arbeiterklasse weg, was parallel mit den Strukturveränderungen in der Industrie, der anhaltenden Massenarbeitslosigkeit und ihrer zerstörenden Wirkung auf Individuen und Kollektive sowie einem entsprechenden sozialen Bewusstsein einherging. Dabei erlitt der PCF seinen stärksten Vertrauensverlust vor allem in den sehr weit links stehenden Bevölkerungsgruppen, die sich in der Folge dem Parti Socialiste zuwendeten. Zugleich fand die Ideologie des Liberalismus für ein Jahrzehnt starken Zuspruch (Gautier 2004: 60).

Die Entwicklung der Mitgliedszahlen der Kommunistischen Partei nach unten ist im negativen Sinne eindrucksvoll. Hatte die Partei 1979 noch mehr als 700.000 zahlende Mitglieder, waren es 2001 nur noch circa 139.000 (Rey 2004: 49). Ab den 1990er Jahren fand eine starke Abwendung vom Glauben an die Institutionen statt, der mit einer starken Hinwendung zu kollektiven Aktionsformen und einem »Zweiten Bruch« mit der parteipolitischen Linken verbunden war. Diesmal war der Parti Socialiste betroffen. Die Wahlenthaltung in der »classe populaire« wurde in der Folge besonders massiv. Dies ging einher mit dem weiteren Rückgang des Klassenbezuges, führte aber nicht in erster Linie zu einer Unterstützung des FN (Gautier 2004: 60).

Die politischen Auswirkungen der Fordismuskrise auf die Hochburgen des PCF

Dass das Zugehörigkeitsgefühl zur politischen Linken in den alten PCF-Hochburgen nicht vollständig verloren gegangen ist, zeigt sich im »Roten Gürtel«. Damit sind die Pariser Vorstädte gemeint, die seit den 1920ern stabile Hochburg der Linken sind. So stellt der PCF nach wie vor etliche Bürgermeister und auch Abgeordnete. Die Wahl linker Kandidaten geht aber oft mehr auf kulturelle Gründe denn auf wirkliche inhaltliche Überzeugung zurück (Braconnier 2009: 28). Dies hat zur Folge, dass in diesen Gemeinden die Wahlergebnisse des PCF oder Kandidaten, die von der Partei unterstützt werden, zwar nach wie vor bis zu 15 Prozent über dem nationalen Durchschnitt liegen, während die Wahlergebnisse des FN unterdurchschnittlich bleiben. Die Wahlbeteiligung bewegt sich aber ca. 10 Prozent unter dem nationalen Durschnitt (Gougou 2007: 9).

Die Gegengesellschaft, die in roten Städten wie St. Denis oder Gennevilliers unter der Führung der Kommunistischen Partei Frankreichs einst vorhanden war, ist also verschwunden. Diese ermöglichte es zum Höhepunkt der Arbeiterbewegung und des »fordistischen Klassenkompromisses«, eine revolutionäre Rhetorik mit einer reformerischen Kommunalpolitik zu verbinden. Dies hatte nicht nur zum kräftigen Ausbau der sozialen Infrastruktur geführt, sondern auch zum Aufbau einer arbeiterbewegten Kultur- und Vereinspolitik. Gleichzeitig hatten sich die kommunistischen Bürgermeister bedingungslos hinter die Arbeitskämpfe in den Großbetrieben gestellt (Rey 2004: 71).

Doch die Deindustrialisierung der Pariser Vorstädte seit dem Ende der 1970er Jahre schränkte die Handlungsfähigkeit der Gemeinden immer weiter ein. Mit dem »Bersten« der fordistischen Lohnarbeitsgesellschaft verlor der »Gemeindekommunismus« mehr und mehr seinen progressiven Anstrich. Statt sich wie bisher auf die Seite der Arbeiter zu stellen, waren die Bürgermeister nun bemüht, gute Beziehungen zu den verblieben Unternehmen aufzubauen – in der Hoffnung, wenigstens eine kleine wirtschaftliche Basis zu retten (vgl. Rey 2004: 72). Es waren Unternehmen, in denen Ausgliederung von Geschäftsbereichen immer bedeutender wurde, und die Konkurrenz zwischen Leiharbeitern und Festangestellten, die die Herausbildung von betrieblicher Solidarität verhinderte und die Gewerkschaftsarbeit auf Abwege führte (Magnin 2011: 2). An die Stelle des Klassenkampfes ist der Kampf um Arbeitsplätze getreten (Gaulejac 2013: 9). Die Entfremdung zwischen den Arbeiterparteien und der beherrschten Klasse ist derart vorangeschritten, dass in manchen Stadtvierteln von St. Denis ein Drittel der Wähler noch nicht einmal in ihren Wahllokalen registriert ist. Diese »Falschregistrierten« machen den Großteil der Nichtwähler aus (Magnin 2011: 2).

Selbst Nonna Mayer, die im Gegensatz zu Perrineau »nur« die These eines »Ouvrièro-Lepenisme« (Arbeiter-Lepenismus) als starkes Fundament des FN vertritt, räumt ein, dass die Arbeiter nicht in erster Linie rechts wählen, sondern zur Enthaltung neigen. So haben ihren Zahlen zufolge bei der Präsidentschaftswahl von April 2002 31% der Arbeiter nicht gewählt. Des Weiteren haben 29% eine Linkspartei gewählt (hier sind die Grünen mit eingerechnet), 22% eine klassische Rechtspartei und »nur« 16% Le Pen (Mayer 2012: 154).

Perrineaus Extremismustheorie, in der die Deckungsgleichheit von linkem und rechtem Denken in der Arbeiterschaft nahegelegt wird, kann also widerlegt werden. So wird bei Michelat und Simon deutlich, dass die Werte der politischen Linken auch im Bewusstsein der Unterstützer unvereinbar mit denen des FN sind. Es wird umso entschiedener die Linke unterstützt, je weniger fremdenfeindlich und autoritär die Befragten sind. Gleiches gilt für den Politisierungsgrad und die Zustimmung zu demokratischen Formen des öffentlichen Lebens (Michelat/Simon 2012: 2). Teil dieser Gruppe sind die »stolzen Rebellen«, die noch über Klassenbewusstsein verfügen und in einigen wenigen Bastionen der fordistisch geprägten Industrie Betriebsverlagerungen und Werkschließungen standgehalten haben (vgl. de Gaulejac 2013: 9). Auch Patrick Lehingue und Anne Lambert bestätigen, dass Beschäftige in der Großindustrie weniger anfällig für die Propaganda des FN sind (Lehingue 2011: 255; Lambert 2015: 266).

Es zeigt sich also, dass innerhalb der Volksklassen die Wahlenthaltung mehr und mehr zugenommen hat. Doch wer sind diese Nichtwähler und durch welche gesellschaftspolitischen Einstellungsmuster lassen sich diese charakterisieren? Eine Gruppe, die dabei zuerst ins Auge fällt, sind dabei die Prekären – eine soziale Gruppe, die sich in Frankreich ebenfalls verstärkt den Vorwurf gefallen lassen muss, für die Sirenengesänge des FN anfällig zu sein, und die sich sehr stark in den Banlieues konzentriert. Sie sind meistens auf staatliche Unterstützungsleistungen angewiesen, die allerdings oftmals nicht zum Überleben reichen (Braconnier/Mayer 2015: 16).

In den herkömmlichen Wahlumfragen sind sie oft nicht präsent, da sie größtenteils Nichtwähler sind oder aber gar nicht erst in die Wählerlisten eingetragen sind. Deshalb stehen sie selten im Fokus der sozialwissenschaftlichen Forschung. Gerade weil ihnen unterstellt wird, aus Desillusionierung über das politische System besondere Sympathie für (rechte) radikale Lösungen zu hegen, sollen die neuesten Erkenntnisse hier nicht unterschlagen und darauf hingewiesen werden, dass die Realität weit komplexer ist.

Relevante Teile der prekär Beschäftigten sind junge Menschen. Viele sind zum Überleben auf die seit 2008 bestehende Möglichkeit angewiesen, »aufzustocken«, das heißt Zuschüsse zum Einkommen aus der neugeregelten Grundsicherung zu beantragen,. Diese Leistungsansprüche besitzen allerdings nicht alle, was zu Konflikten unter den Armen führt (Braconnier/Mayer 2015: 21).

Zwar sind die Sozialausgaben in Frankreich mit einem Anteil von ca. 30 % am BIP im Vergleich zum Rest Europas (ca. 22 %) noch relativ hoch. Trotzdem können, je nach Bemessungsgrundlage, zwischen 8 und 14 % der Einwohner Frankreichs als arm bezeichnet werden. Somit sind mehr als 6 Millionen Menschen auf staatliche Hilfeleistungen angewiesen (Mayer/Braconnier 2015: 20-22).

Die seit 2008 wieder ansteigende Zahl der Erwerbslosen hat dazu geführt, dass die soziale Zusammensetzung des Prekariats nicht mehr nur alleine aus Angehörigen der sozialen Milieus besteht, die man in der Regel mit Armut verbindet. So sind heutzutage laut Braconnier und Mayer zwar weiterhin die Angehörigen der Arbeiterklasse am stärksten betroffen und können die Lebens- und Arbeitsverhältnisse von 52 % der Arbeiter als prekär bezeichnet werden. Allerdings lässt sich Ähnliches inzwischen auch über die Lebensverhältnisse von 42 % der Angestellten, 47 % der kleinen Geschäftsleute und 37 % der Bauern sagen (Braconnier/Mayer 2015: 24).

Studien aus jüngster Zeit betonen gerade unter Prekären eine besonders hohe Zustimmung zu rassistischen und xenophobischen Einstellungsmustern (Fuchs/Mayer 2015: 111). Doch sind diese hier nicht kulturell und intellektuell überformt, wie eine jüngst veröffentlichte Studie zum Thema betont. Sie sind eingebettet in rein ökonomische und soziale Konflikte, die im Vordergrund stehen. Dabei macht verständlicherweise die Kritik über die wachsende Kluft zwischen Arm und Reich den Mittelpunkt aus (Fuchs/Mayer 2015: 113).

Allerdings durchzieht die prekären Milieus ein Konflikt, der sich zwischen den Beschäftigten im Niedriglohnbereich, die zu viel verdienen, um in den Genuss von Sozialleistungen zu kommen, und den Erwerbslosen abspielt. So sehen sich letztere dem Vorwurf ausgesetzt, leistungslos in den Genuss von Vorteilen des Sozialstaates zu kommen, während erstere ihre Bemühungen, der Armut zu entkommen, nicht genügend gewürdigt sehen. Es ist ein Konflikt zwischen zwei sozialökonomisch sehr nahen gesellschaftlichen Gruppen, die mit der Abwertung derer einhergeht, die sozialstaatliche Leistungen empfangen (Fuchs/Mayer 2015: 114).

Fuchs/Mayer führen zum Bewusstsein der Niedriglöhner weiter aus: »Die beste Möglichkeit, sich abzugrenzen und sich selbst über diese [Anmerkung des Verfassers: gemeint sind die Empfänger von

Sozialleistungen] zu erhöhen, besteht darin, jenen die eigenen moralischen Qualitäten entgegenzusetzen: Arbeit, Leistungsbereitschaft und Ehrlichkeit unterscheiden die ›guten‹ von den ›schlechten‹ Armen. Das Themenfeld ›Sozialstaat‹ führt dazu, dass eine ethnozentrische Dimension Teil der Debatte wird. Der Fremde, der Migrant, wird als der Profiteur von Sozialleistungen schlechthin wahrgenommen, von Leistungen, die ihm nicht zustehen« (Fuchs/Mayer 2015: 115).

Es ist bezeichnend, dass diese Gruppen, die sich, einkommensmäßig betrachtet am oberen Ende des Prekariats befinden, eine weit überdurchschnittliche Bereitschaft erkennen lassen, dem Front National und Marine Le Pen ihre Stimmen zu geben. Dagegen steigt die Bereitschaft, links oder sogar linksradikal zu wählen, mit steigendem Prekaritätsgrad an (Meyer 2015: 208).

Damit ist die These, dass radikale politische Angebote in den einkommensschwachen Milieus Rückhalt finden, nicht vollständig von der Hand zu weisen. Sie führen allerdings eher zu einer Erosion der bürgerlichen Rechtsparteien, die unter Prekären weniger Zuspruch erhalten, als der FN. Währenddessen dominieren die Sympathien für die Parteien der Linken (Mayer 2015: 203 ff.).

Die »rechten« Arbeiter – aufstiegsorientiert, statt deklassiert

In Arbeiter- und Volksklassenmilieus existieren also rechte Einstellungen. Michelat und Simon bezeichnen sie als »Arbeiter-Autoritarismus«. Damit meinen sie Intoleranz gegenüber Minderheiten und verkrampfte Nähe zur nationalen Identität. Diese korrelieren mit einem positiven Bezug zum Liberalismusbegriff, der die Entscheidung, den FN zu wählen, wesentlich erleichtert (Michelat/Simon 2012: 2). Es wird deutlich, dass der Ethnozentrismus, der zur Unterstützung des FN führt, nicht dasselbe ist wie die Kapitalismuskritik der alten Arbeiterparteien. Demzufolge scheint Florent Gougous These, dass die jüngeren eher unpolitischen Arbeitermilieus den FN aus denselben Gründen unterstützen wie ihre Eltern und Großelterngeneration den PCF, mehr als fraglich (Gougou 2012: 154 f.). Eine Veränderung der Beweggründe, rechts zu wählen, hat nämlich nicht stattgefunden. Wie die von Gougou erwähnte, nach rechts radikalisierte »proletarische«

Traditionsrechte sind diese Gruppen ebenfalls aufstiegsorientiert, wollen Techniker, Meister oder leitende Angestellte werden (de Gaulejac 2013: 9). Selbst 1978, zu Zeiten, als die politische Linke noch die Arbeiterbewegung zu dominieren schien, gaben 32 % der befragten Arbeiter an, den Traum zu hegen, ein eigenes kleines Unternehmen zu eröffnen und die »Arbeiterexistenz« hinter sich lassen zu wollen (Goodliffe 2012: 87).

Dass es sich bei den FN wählenden Arbeitern um solche »rechten Arbeiter« handelt, wird deutlich, wenn man die Ergebnisse der Wahlbefragungen im Vorfeld der Wahlen 2007 zu Rate zieht. Dort schätzten sich von 100 befragten Arbeitern, die sich als FN-Wähler bezeichnet hatten, 43 % als »eher rechts« ein, während sich 41 % für »weder rechts, noch links« hielten oder nicht antworten wollten. Nur 16 % meinten »eher links« zu sein. Bei Befragungen im Jahr 2011 schätzten sich sogar 61 % der FN wählenden Arbeiter als in der »Mitte stehend« oder »eher Rechts« ein, während die Arbeiter, die nicht für Marine Le Pen stimmen wollten, sich zu 58 % als »eher links« einordneten (Mayer 2012: 155). Der Front National hat seine Unterstützung aus den Volksklassen also vor allem aus dem »rechten Lager« rekrutiert.

Tatsächlich gibt es ganze Regionen, die trotz hohen Arbeiteranteils stark nach rechts tendieren. Hier ist die Wahlbeteiligung im Gegensatz zu den alten linken Hochburgen teilweise sogar überdurchschnittlich hoch. Ein regionales Beispiel dafür ist die Industrieregion von La Riboire (Valérie Girard nennt den richtigen Namen der Region bewusst nicht, um ihre ethnographische Forschungsarbeit zu erleichtern). Hier erzielen die Kandidaten der Rechten (UMP und FN) seit den 2000er Jahren bei Wahlen überdurchschnittliche Ergebnisse. So erhielt Jean-Marie Le Pen hier 2002 30 %, während seine Tochter 2012 32 % der abgegeben Stimmen erzielte – bei einer Wahlbeteiligung, die in einzelnen Gemeinden sogar bei 88 % lag. 2007 gewann Nicolas Sarkozy hier im zweiten Wahlgang 73 % der Stimmen (Girard 2012: 3f.).

Relativ unbemerkt hat sich der Anteil der ländlichen Regionen, die sich durch eine erhöhte Konzentration von Arbeitermilieus auszeichnen, deutlich erhöht. Zwar darf man nicht unterschlagen, dass auch viele der alten, lange links dominierten Gemeinden »Inseln« (so die von der Stahlindustrie geprägten Gemeinden in Lothringen) in eher ländlichem Umfeld waren bzw. sind. Doch viele Großkonzerne (Danone, Louis Vuitton, Sanofi etc.) errichten heute Produktionsstätten ausschließlich in Distanz zu den Städten. Die hier beschäftigen »ländlichen Arbeitermilieus« arbeiten in kleinen Produktionsbetrieben und sind in der Regel Immobilienbesitzer (Mischi 2013: 12).

Die Region La Riboire erlebte seit den 1980ern die Entstehung einer gehobenen Arbeiterschicht. Während der Anteil der ungelernten Arbeitskräfte zwischen 1982 und 1999 von 23% auf 18% sank, stieg dagegen der von Technikern und Aufsichtspersonal von 9% (1982) auf 18% (1999), wobei der Anteil der Facharbeiter stabil bei 30% blieb. Gleichzeitig zeichnet sich diese Region nicht durch hohe Arbeitslosigkeit aus. So arbeiten hier im Jahr 2011 3.700 Festangestellte und 1.000 bis 2.000 Zeitarbeitskräfte in mehr als 100 Unternehmen. In dieser Region haben sich sowohl einige Zweigwerke großer Konzerne angesiedelt als auch kleine und mittlere Unternehmen, die als Zulieferer fungieren (Girard 2012: 3).

Diese neuen Industrieparks im Hinterland der großen Städte, wie La Riboire, entstanden in den 1980ern, um die »Festungen der Arbeiterklasse« zu umgehen, und sie zeichneten sich durch einen Bruch mit der traditionellen Arbeitsorganisation aus. Charakterisierend dafür waren die Nutzung von Outsourcing und die Ausdifferenzierung von Arbeitsbeziehungen (Girard 2012: 3). Durch die rechte Sozialisierung der bäuerlich geprägten Bevölkerung konnten in La Riboire auch niemals linke Organisationskerne entstehen. Dagegen dominierten seit jeher die rechtsliberalen Kräfte, die auch die Gründung des Industrieparks anstießen (Girard 2013: 205).

Durch die Dominanz der kleinen und mittleren Produktionsstandorte größerer Konzerne, die ergänzt werden durch Familienunternehmen, zeichnet sich La Riboire aber auch durch ein enges Beziehungsnetzwerk zwischen den Beschäftigen und der Management- und Eigentümerebene aus. Dadurch ergeben sich nicht nur gefühlte flache Hierarchien, die einen schnelleren sozialen Aufstieg innerhalb der

Unternehmen möglich erscheinen lassen. Es kommt auch im besonderen Maße zu einer Identifikation der Beschäftigten in den Familienunternehmen mit den Zielen und Vorstellungen der Eigentümer. So nehmen die Arbeiter von La Riboire zum Großteil den Standpunkt ein, dass die Konkurrenzfähigkeit des eigenen Betriebes Vorrang hat (Girard 2013: 209).

Diese »Nähe« zu den Eigentümern geht mit der Bevorzugung des »Familienbetriebes« als optimale Unternehmensform einher. Besonders hier sehen die Arbeiter von La Riboire die Möglichkeit, dass die eigene Leistungsbereitschaft und das entsprechende Engagement entsprechend gewürdigt und mit beruflichem Aufstieg belohnt werden. Dementsprechend ist auch die Bereitschaft, sich über das Mindestmaß hinaus im Unternehmen einzubringen, allgemein üblich. Diese Individualisierung der beruflichen Karrieren geht mit den politischen Forderungen der Gewerkschaften und der Linksparteien nur schwer einher. Eine auf Konflikt und eine Beschränkung der Handlungsfreiheit der Unternehmensleitungen angelegte innerbetriebliche Gewerkschaftsarbeit würde hier als Risiko für die das eigene Fortkommen betrachtet werden. Diejenigen, für die sich dieses Verhalten auszahlt, lehnen demzufolge die These ab, dass Erwerbslosigkeit ein gesellschaftliches Problem sei (Girard 2013: 207f.).

In diesem Milieu, wo die Forderung nach harter Arbeit als Basis der eigenen Existenz angesehen wird und mit der Ablehnung eines »exzessiven Sozialstaates« einhergeht, finden die politischen Ansichten des FN bei vielen ein offenes Ohr (Girard 2012: 5). Diesen Haushalten ist allen der Wunsch nach einem weiteren sozialen und ökonomischen Aufstieg gemein; ebenso die Hoffnung, vielleicht einmal auf »eigene Rechnung arbeiten« und ein eigenes Geschäft eröffnen zu können, wie es einzelne bereits geschafft haben (Girard 2012: 4). Diejenige, denen dieser Schritt gelungen ist, stimmen in der Folgezeit den klassischen Werten des Kleinunternehmertums zu (siehe übernächster Abschnitt). Obwohl sie also auf dem Weg sind, ökonomisch in die Mittelschicht aufzusteigen, unterscheiden sie sich von den urbaneren Mittelschichten in einem zentralen Punkt: der unbedeutenden Rolle, die Bildungstitel im Bewusstsein dieser Arbeiter spielen. Während die Angehörigen der städtischen Mittelschichten lange Ausbildungszeiten wünschen, um mit dem erworbenen Bildungskapital (vermeintlich) sichere Arbeitsplätze, vor allem im öffentlichen Dienst anzustreben, bleiben die Arbeiter von La Riboire auf den Erwerb des technischen Know-hows beschränkt, die ihnen die lokalen Unternehmen anbieten. Die Hoffnungen, den eigenen Lebensstandard halten und eventuell steigern zu können, sind deshalb direkt verbunden mit der Zukunft des Unternehmensstandortes La Riboire (Girard 2013: 200).

Am Ende dieses Kapitels lassen sich mehrere Punkte festhalten: Zwar scheint es auf den ersten Blick so zu sein, dass in den letzten 20 Jahren ein massiver Rechtsruck in der Arbeiterklasse stattgefunden hat: Huelin meint, einen Zugewinn für den FN in der Arbeiterschaft von 19 % feststellen zu können (Huelin 2013: 6). Betrachtet man die Entwicklung aber genauer, fällt auf, dass die Aussage so pauschal nicht stimmt. Vielmehr lässt sich eine »Demobilisierung« der Linkswähler erkennen, die mit der tiefen Krise der alten fordistischen Industriestruktur verbunden ist. So ist die politische Linke samt den Gewerkschaften nach dem Wegbrechen der großen Industriekomplexe, die die Basis ihrer Stärke waren, in die Defensive geraten, mit der die Desillusionierung vieler ehemals aktiver Partei- und Gewerkschaftsmitglieder einherging. Dies wird deutlich durch die überdurchschnittliche Wahlenthaltung in den alten linken (PCF-)Hochburgen, aber eben nicht durch starke FN-Stimmenanteile.

Für die rechts sozialisierten Arbeitermilieus, wie Arbeiter in Regionen, die niemals von der Arbeiterbewegung erfasst worden sind und die den linken Wertekodex nicht teilen, ist eine Stimme für den Front National aber kein Bruch mit ihrem bisherigen realen Bewusstsein, da sie die zentralen (kleinbürgerlichen) Inhalte der Programmatik des FN teilen, da sie selbst einem nationalen Kapitalismus, der durch »kooperative Beziehungen« zwischen Arbeit und Kapital geregelt wird, zustimmen. Neben der sicherlich notwendigen Debatte über die Auswirkungen der neoliberalen Durchdringung der Arbeitswelt müssen also starke FN-Arbeitervoten auch immer unter einem historisch-regionalistischen Aspekt betrachtet werden.

4.5
Der FN und die Mittelschichten

**Die Merkmale der FN-Wahl –
Individualismus und Leistungsorientierung**

Eines hat sich also gezeigt: Weder die gesellschaftliche Desintegration noch Ausgrenzungserfahrungen, die in der Folge zu Entfremdungserfahrungen und zu Protestverhalten führen können, sind die ausschlaggebenden Faktoren, die Zustimmung für den Front National hervorbringen. Tatsächlich scheint die höchste Affinität für den FN unter »gesellschaftlich integrierteren« Milieus zu bestehen, wie Violaine Girard und Mayer/Braconnier überzeugend herausgearbeitet haben. Auch die Nichtexistenz von Klassenbewusstsein unter den FN-Wählern, die Lehingue erwähnt, weist auf eine enge Nähe zu den lokalen Eliten hin, deren postulierte Werte und Normen unhinterfragt geteilt werden. Doch halten sich die Arbeiter von La Riboire zurück, ihre präferierten Parteien und Kandidaten in der Öffentlichkeit mitzuteilen, weshalb Girards Arbeiten nur als Nachweis einer gewissen Affinität zu deuten sind. Es bedarf also »qualitativer empirischer Nachweise«, um einen Zusammenhang zwischen bestimmten Einstellungsmustern mit denen des FN zu belegen. Folgende wichtige Punkte wurden dabei als Gradmesser ausgemacht: der Sozialstatus der »Elterngeneration«, um quantifizieren zu können, ob der Befragte sich in einer sozialen Abstiegs- oder Aufstiegssituation befindet; eventuelle erzwungene Brüche in der Erwerbsbiographie; die persönliche Lebenssituation der Befragten innerhalb der eigenen »sozialen Gruppe« (Le Bohec 2005: 92).

Einer der wenigen Politikwissenschaftler, der auf Basis von individuellen Interviews mit (potentiellen) FN-Wählern versuchte, empirisch Einstellungsmuster und Werthaltungen zu erforschen, war Daniel Gaxie. Die Interviews, die an seinem Lehrstuhl geführt wurden, lassen folgende Schlüsse zu: »Zwar scheint es auf den ersten Blick tatsächlich so zu sein, dass es sich bei den FN-Wählern um eine sehr heterogene Gruppe handelt. Denn es fanden sich in den Interviews Unterstützer aus allen sozialen Gruppen, wie bei allen anderen Parteien auch (Gaxie 2006: 226, 228-234).

Doch was die meisten Befragten einte, war die Ähnlichkeit ihrer neoliberalen Ansichten in der Sozial- und Wirtschaftspolitik. So äußerten sich die meisten negativ über Reglementierungen zuungunsten der Unternehmen, über hohe Steuern und über die sozialstaatliche Umverteilung. Positiv besetzt dagegen war das Leitbild des individuellen Erfolges (vgl. Gaxie 2006: 236). Grund dafür war, dass ein Großteil der Befragten direkt oder indirekt in Beziehung zum Kleinunternehmertum stand. Selbst die befragten Arbeiter waren entweder selber zu kleinen Eigentümern aufgestiegen oder waren Angestellte des familieneigenen Unternehmens oder hatten verwandtschaftliche Beziehungen zu Kleineigentümern. Zusätzlich waren fast alle Befragten, die sich positiv zum FN äußerten, Immobilienbesitzer (Gaxie 2006: 237).

»Die mehr oder weniger ausgeprägte Integration in die Welt der Eigentümer, der unabhängigen Berufe und der Geschäftswelt, so wie der objektiven und oft subjektiven Distanz zu den entgegengesetzten Universen der Arbeitnehmerschaft, der Subalternität, der Armut, der Immigration, der Sozialpolitik, der Lohnkämpfe der Gewerkschaften und der Linken, werden nicht zuletzt deshalb aufgewertet, weil sie als Ergebnis persönlicher Leistung oder Verdienste wahrgenommen werden« (Gaxie 2006: 237).

Gaxie konnte auch die vereinfachende These in Frage stellen, wonach es sich beim FN-Milieu um Deklassierte handele. So zeigte sich, dass kaum jemand der Befragten von andauerndem sozialem Abstieg bedroht war, eher im Gegenteil, viele befanden sich in einer Phase des sozialen Aufstieges – oftmals nachdem man im bisherigen Leben von ökonomischen Schwierigkeiten nicht verschont geblieben war. Diese waren aber zum Zeitpunkt der Befragung überwunden (Gaxie 2006: 237f.). Nicht selten ging dieser Lebensweg mit einer gescheiterten Bildungskarriere einher, was zu einem Gefühl des Stolzes führte, es trotz dieses Hindernisses geschafft zu haben (Gaxie 2006: 238f.).

Gemeinsam war aber auch vielen FN-Wählern eine rechte Sozialisation in ihren Elternhäusern, die sich meistens auszeichnete durch regelmäßigen Kirchenbesuch, dem Besuch von Konfessionsschulen oder dem Vorhandensein von Angehörigen, die Beschäftigte von Polizei und bzw. oder Militär waren (Gaxie 2006: 239). All diese Erkenntnisse bestätigen auf eindrückliche Weise die zentralen Aussagen der ethnologischen Forschungsarbeiten über rechtes Denken in Volksklassenmilieus, wie sie hier stellvertretend durch Girard und Braconnier/Mayer präsentiert wurden. Eigentum, soziale Distanz zu den »Armen und Abgehängten« sowie, wie sich in den nächsten Abschnitten zeigen wird, das Bedürfnis, auch räumliche Abgrenzung zu schaffen, dominieren das Denken politisch der Rechten nahestehenden Angehörigen von Arbeitermilieus. Viele der (potenziellen) FN-Wähler empfanden die Person Le Pen im Übrigen eher als Hindernis dafür, sich dem FN zuzuwenden (»Der ist verrückt« oder »der erzählt dummes Zeug«) (Gaxie 2006: 242, 244). Die These des Nationalpopulismus, nach der Irrationalität und Unvernunft maßgebliche Gründe für den Erfolg des FN sind, hält also der empirischen Betrachtung ebenfalls nicht stand.

Die Leistungsethik – Antriebskraft der Kleinunternehmer

Wie weiter oben schon angesprochen, ist der positive Bezug zum Eigentum und zur Selbstständigkeit ein ganz wichtiger Indikator für die Unterstützung des FN. Das erklärt, dass die Kleinunternehmer seit Jahren unverändert ca. 21% der Wähler des FN ausmachen, der ihnen, wie ja bereits gezeigt werden konnte, einen zentralen Platz in der Programmatik einräumt Diese positive Einstellung zum Ideal der Unabhängigkeit und Autonomie stammt aus der frühkapitalistischen agrarischen und individualistisch geprägten Tradition der französischen Bauernschaft, wie bereits gezeigt wurde. Der Individualismus der kleinen Eigentümer geht einher mit der konsequenten Ablehnung der Lohnarbeit als bezahlte Sklaverei. Die kleinen Unabhängigen dagegen meinen Tätigkeiten auszuüben, die ihnen Freiraum lassen für ihre eigene Initiative (Godliffe 2012: 90). In diesen Kontext lässt sich aber auch die Bedeutung der Familie für das französische Kleinbürgertum einordnen. Frauen, Kinder und Verwandte sind teilweise die einzigen Mitarbeiter in diesen kleinen Betrieben, da Angestellte oftmals mit den geringen Gewinnen aus dem Geschäft nicht finanziert werden können. Eine Auflösung der althergebrachten Familienstruktur brächte die ökonomische Existenz in Gefahr. Es ist deshalb offensichtlich, warum kleine Unternehmer zu den stärksten Verteidigern »traditioneller Werte innerhalb der französischen Gesellschaft gehören (Goodliffe 2012: 93f.).

Das Bewusstsein dieser Kleinunternehmer geht aber auch einher mit der Betonung von Werten wie »harte Arbeit und Genügsamkeit«, die im Erfolgsfall des eigenen Betriebes zu größerer finanzieller »Beweglichkeit« der Familie und zu höherem sozialen Ansehen führen, die sich aber verbinden mit der Opferung von Freizeit und Muße. Diese »Selbstverleugnung« führt zu einem Gefühl der »moralischen Überlegenheit« gegenüber anderen vermeintlich »sozial besser abgesicherten« Gruppen der Gesellschaft. Auf der einen Seite das untalentierte und träge »Heer der Beschäftigten«, mit angeblichem Urlaubsanspruch und Sozialversicherung, und auf der anderen Seite die verwöhnte »Großbourgeoisie« (Goodliffe 2012: 95).

Wie bereits im zweiten Kapitel beschrieben, war der Zuspruch für eine Rechte, die sich radikaler gab als die republikanischen Rechtsparteien, bei den Kleinunternehmern besonders ausgeprägt. Der »pessimistische Liberalismus« hatte auch das französische Kleinbürgertum durchdrungen. Dies hieß, dass man den Grundwerten des »ökonomischen Liberalismus« zustimmte, für »freies Unternehmertum«, und »Reduktion der Staatstätigkeit« etc. war.

Der »politische Liberalismus« allerdings war vielen Mitgliedern dieser »sozioprofessionellen Gruppe« ein Dorn im Auge: Er hatte zu einem Bedeutungsverlust der eigenen Interessen innerhalb der Gesellschaft geführt, da die Arbeiterbewegung und damit auch die Arbeiterparteien deutlich an Wichtigkeit in der Gesellschaft gewonnen hatten und viele Forderungen nach einer »sozialeren Republik« aufgrund ihrer zahlenmäßigen Stärke durchsetzten konnten, die für das kleine Bürgertum weder ökonomisch noch ideologisch tragbar schienen und scheinen (Bihr 1998: 48; Bosc 2008: 49).

Die »ökonomische Existenz« als Eigentümer führte zu einer nicht eindeutigen »sozialen Selbsteinschätzung«. So ordnen sich zwar 71% der Mittelschicht zu, aber auch noch 45% der Volksklasse. Ein Drittel von ihnen sieht sich sogar als Teil von beiden Schichten (Bosc 2008: 46). Grund dafür ist das langsame Verschwinden der traditionellen Mittelschichten. So steigt der Anteil der Arbeiter, die sich selbstständig machen, seit dem Einsetzen der Massenarbeitslosigkeit in den 1980ern an. Aktuell sind ca. 85% der Unabhängigen vor der Eröffnung ihres kleinen Unternehmens Lohnempfänger gewesen. Interessant dabei ist, dass gerade unter den selbstständigen Handwerkern, von denen ebenfalls 60% bis 80% vor ihrer Selbstständigkeit Arbeiter gewesen sind, der Anteil derer, die sich bei Befragungen noch als Arbeiter betrachten bei 25% liegt (Bosc 2008: 45f.). Doch spielt dieser Aspekt bei den Analysen der Wahlsoziologie keine Rolle, obwohl daraus deutlich wird, dass die subjektive Selbsteinschätzung der Befragten zu ihrer sozialen Stellung objektiv betrachtet nicht der Realität entspricht. Eine relevante Gruppe von Wählern, die in den Wahlbefragungen als Arbeiter verbucht werden, dürften tatsächlich gar keine mehr sein. Weshalb ihre Unterstützung für den FN aus dargelegten Gründen kein sozialer Protest gegen die Verelendung ist.

Die »banlieues pavillionaires« – regionale Hochburgen des FN
Die Hochburgen des FN lassen sich auch räumlich fassen; und mit Hilfe ethnologische Arbeit können Einblicke in das Bewusstsein derer gewonnen werden, die in diesen Regionen leben. Zwar wurde es in den Abschnitten weiter oben bezüglich La Riboire nicht eindeutig angesprochen, doch gehört der der dort untersuchte »Kanton« auch zum statistisch so definierten »periurbanen« (suburbanen) Raum.

Diese Regionen, in denen der FN in den letzten 30 Jahren den stärksten Aufschwung genommen hat, werden auch als »banlieue pavillionaire« bezeichnet. Hayot weist darauf hin, dass im Großraum Marseille diese periurbanen Gemeinden oder Stadtviertel Stimmenanteile für den FN von bis zu 40% der abgegebenen Wählerstimmen aufweisen (Hayot 2011: 44). Es handelt sich hier um »Einfamilienhaus-Siedlungen«, die oftmals in unmittelbarer Nähe der alten Großraumwohnsiedlungen des sozialen Wohnungsbaus der Nachkriegszeit liegen (Hayot 2011: 43). Diese randstädtischen Gebiete umfassen heute laut Statistik des INSEE über 15.000 Gemeinden mit 13,4 Millionen Einwohnern, also 22 Prozent der französischen Bevölkerung (Lambert 2015: 12).

Um die Entstehungsgeschichte dieser Viertel zu verstehen, muss man bis in die 1960er Jahre zurückgehen. Damals begann der französische Staat, mehr und mehr Abstand zu nehmen vom Bau großer Ensembles und auch vom sozialen Wohnungsbau. Ziel war es jetzt, den gehobenen Ansprüchen der Mittelschichten entgegenzukommen und ihnen den Zugang zu Wohneigentum zu erleichtern. Von dieser Politik profitierten zuerst vor allem die Angehörigen der freien Berufe, hohe und höhere leitende Angestellte und Angehörige der »Arbeiteraristokratie«, die in dieser Phase die höchsten Vermögenszuwächse zu verzeichnen hatten (Capdevielle 1986: 262f.).

Ab den späten 1960er Jahren sollte das Spektrum derjenigen, die profitieren, ausgeweitet werden. Ein »internationaler Wettbewerb des individuellen Einfamilienhauses« wurde ausgeschrieben. Ziel sollte es sein, ein Standardhaus zu entwickeln, das von geringem Preis und deshalb für viele erschwingliche sein sollte. So entstanden die ersten 70.000 Häuser dieses Typs samt entsprechender Wohnviertel (Steinmetz 2013). Der Startschuss für das Bevölkerungswachstum der französischen »Suburbs« war gegeben. Gleichzeitig verschwand der negativ besetzte Begriff »Banlieue« (»kommunistisch dominiert«) aus dem offiziellen Sprachgebrauch und an dessen Stelle trat die neutrale Formulierung »péri-urbain«, um die großstadtnahen Randgebiete für potenzielle Hausbesitzer interessant zu machen (Capdevielle 1986: 267).

Ab den 1970ern wurde es dann ganz offensichtlich, worin das Ziel der Wohnungspolitik bestand, nämlich: die einkommensschwächeren Haushalte weg von kollektivistischen Wohnformen und hin zum individuellen Wohneigentum zu orientieren (Cartier u. a. 2008: 242). Dazu wurden in der Amtszeit von Staatspräsident Giscard d'Estaing, die von 1974 bis 1981 dauerte, nicht nur ein »Nationaler Rat zur Ermöglichung des Aufstiegs zum Eigentum« geschaffen, sondern auch Mittel bereitgestellt, die es Familien mit geringen Einkommen oder vielen Kindern ermöglichen sollten, Wohneigentum zu erwerben (Capdevielle 1986: 266).

Gewollt war ein gemäßigter Liberalismus, der das Eigentum als Versicherung gegen die Risiken des Lebens sah, ohne allerdings den Immobilienmarkt, wie in den USA, völlig zu deregulieren. Der französische Staat tritt als Bürge für die häufig eigentlich nicht genügend solventen Käufer ein, indem er im »Rahmen von Programmen zum sozialen Aufstieg« finanzielle Mittel für Kreditnehmer zur Verfügung stellt, die ihre Kreditwürdigkeit herstellen. Gleichzeitig werden auch die Projektentwickler und Bauunternehmen mit staatlichen Mitteln unterstützt. So gab der französische Staat 2012 44,9 Milliarden Euro (2,25 % des BIP) an Fördermitteln für den privaten Wohnungsbau aus (Lambert 2015: 8f.).

Diese Politiken durchliefen Höhen und Tiefen. Mit dem Umstieg auf die Austeritätspolitik wurden die Mittel für diese Programme in den 1990ern deutlich zurückgefahren und das Wachstum der Vororte stockte. Die Ersten, die in diese Vororte zogen, galten noch als Abenteurer. Da sie häufig links sozialisiert waren, den neuen Mittelschichten angehörten und mit der radikalen Linken sympathisierten, standen sie für einen neuen Lebensstil, der diesen Regionen ein städtisches Flair verleihen sollte (Lambert 2015: 13).

Mit den 1990ern änderte sich die Interpretation dieser Vororte. Beeinflusst durch die ökonomischen Stagnationstendenzen und der konstant hohen Erwerbslosigkeit wurden die steigenden Bevölkerungszahlen dieser Regionen damit erklärt, dass sie nun zum Auffangbecken deklassierter Mittelschichtsangehöriger oder verarmter Mitglieder der »classes populaires« geworden seien. Die hohen Ergebnisse des Front National 2002 in diesen Gebieten ließen sie in der Folgezeit als Rückzugsort ethnisch weißer Bevölkerungsgruppen erscheinen (Lambert 2015: 13).

Auch die Wahlkampagne 2012 sah wieder die Deklassierten der Vororte als zentralen Grund für die Stärke des FN vor Ort an. Der bereits erwähnte Christophe Guilluy dominierte mit seinen Thesen die Medien. Seine Begründung für den Erfolg des FN war, dass es sich um einen Ausdruck der Unsicherheit des »peripheren Frankreich« handele, welches eine »soziale und kulturelle Krise« im Kontext der Globalisierung durchlaufe. Guilluy richtete sich mit seinen Schriften und Zeitungsartikeln während der Wahlkampagne gegen ein Frankreich der Innenstädte, das von den Angehörigen der bürgerlichen und intellektuellen Eliten (»bobos«) in einen Lebensraum verwandelt worden sei, der für die Mittel- und Unterschicht unbezahlbar geworden sei. Aber auch die Bewohner jener Banlieues die von den migrantischen Milieus geprägt wird und das alle Aufmerksamkeit der Eliten, und damit materielle und finanzielle Zuwendung durch den Staat auf sich ziehe, während der periphere Raum, der von den Mitteschichten bewohnt sei, völlig außen vor gelassen werde. Für Guilluy stand aber fest, dass hier die eigentlich echten Franzosen leben würden (Rivière 2013: 75).

Wie schon mehrfach darzulegen versucht wurde, deutet vieles darauf hin, dass eher subtile Ängste vor der unsicheren Zukunft in einem Kapitalismus, der mehr und mehr die Verantwortung auf den Einzelnen abwälzt und nicht mehr die sozialstaatlichen und gemeinwirtschaftlichen Aspekte des staatlichen und gesellschaftlichen Miteinanders in den Vordergrund stellt, den Erfolg der radikalen Rechte erleichtern. Initiiert wird eine Strategie der »Hilfe zur Selbsthilfe«, wie sie sich durch die Förderung von Immobilienbesitz in Frankreich manifestiert. Dort aber, wo der Wert des Eigentums auch die individuelle Absicherung vor Lebensrisiken bedeutet, beinhaltet die Anwesenheit von sogenannten Sozialschwachen oder Migranten Risiken für die eigene Lebensplanung. Gerade für diejenigen, die zu ein wenig Eigentum gekommen sind, sind diese Fragen zentral, wie im Folgenden zu zeigen sein wird.

So sind die meisten Bewohner dieser »cités pavillionaires« – und das verbindet sie –, Angehörige des sozial aufstiegsorientierten »salariat intermédiaire« (die mittlere Arbeitnehmerschaft) sind. Ihre Gemeinsamkeit untereinander besteht, im Gegensatz zu anderen Berufsgruppen (z. B. dem klassischen Kleinbürgertum) darin, keine gemeinsame soziale Identität zu besitzen (Bosc 2008: 62). Cartier u. a. haben sie in ihrer Studie aus dem Jahr 2008 als »petits moyens« (kleine/mittlere Hausbesitzer) definiert. Ort ihrer Forschungsarbeit war die Einfamilienhaus-Siedlung »Les Peupliers« in der Gemeinde Gonesse im Département Val d'Oise, die nur 16 km nordöstlich des Pariser Stadtzentrums liegt.

Tatsächlich lässt sich für dieses periurbane Gebiet ein deutlicher Rechtsruck seit den frühen 1980ern nachweisen. So erreichte der FN seit 1984 Ergebnisse, die in den beiden Wahlbüros des Viertels bis zu 12% über den nationalen Wahlergebnissen des FN lagen (Cartier u.a. 2008: 252). Die »petit-moyens« sind – genauso wie die aufstiegsorientierten Gruppen der Arbeiterschaft – nicht in dem Maße von sozialer Deklassierung betroffen wie die Angehörigen der alten Arbeiterklasse, die zum Teil noch in den Großraumwohnsiedlungen des alten Banlieues leben. Den »petits-moyens« geht es vielmehr um den Erhalt ihres sozialen Status, was mit der Angst vor Neuzuzüglern einhergeht, die in den Augen vieler Alteingesessenen dem guten Ruf des Stadtviertels schaden und eine Entwicklung nach unten einleiten würden. Diese Ressentiments gelten besonders den migrantischen Hausbesitzern (Cartier u.a. 2008: 254).

Gleichzeitig finden sich diese kleinen Eigentümer, die ökonomisch an der Unterschwelle der Mittelschicht anzusiedeln sind, in den liberalen Diskursen der Rechten wieder, die die Leistungswilligen gegen die Empfänger von Sozialleistungen auszuspielen suchen. Letztere werden mit den Bewohnern der nahen Sozialwohnungen in Zusammenhang gebracht. Damit einher geht die Ablehnung der »petit-moyens« von Solidarität für sozial schwächere Gruppen (Cartier u.a. 2008: 272).

Währenddessen richtet sich der eigene Blick gesellschaftlich nach oben«, hin zu den Angehörigen der freien Berufe, Leitungskadern der Privatindustrie und den Selbstständigen, die in der eigenen Nachbarschaft wohnen, denen man sich sozial zugehörig fühlt, deren Lebensstandard man sich aber eigentlich nicht leisten kann, was mit der Forderung nach einer weiteren Deregulierung des Arbeitsmarktes einhergeht, in der Hoffnung, höhere Haushaltseinkommen generieren zu können.

Die kleinen Eigentümer haben also eine persönliche Erfolgsstrategieentwickelt, die sich in erster Linie an den bereits sozial aufgestiegenen Nachbarn orientiert. Ohne allerdings über die Mittel zu verfügen, die die Sicherheit geben würden, denselben Aufstieg schaffen zu können (Cartier u.a. 2008: 273).

Die hohen Eintrittskosten in die Mittelklasse führen bei vielen jungen »Kleinen Mittleren« zwischen 30 und 40 zu Frustration und dem Gefühl, in einem Schraubstock zu stecken. Die wahrgenommen Distanz nach oben geht einher mit einer Abgrenzung nach unten. Die

Ablehnung, mit Fremden zusammenzuleben, und die Angst, dass das eigene Quartier zum Ghetto« wird, sind die gängigsten Ausdrucksformen dieses widersprüchlichen Denkens, das sowohl Überlegenheitsgefühle als auch Abstiegsängste miteinander vereint (Cartier 2008 u. a.: 271).

Die Angst vor Deklassierung und der Entwertung des Lebensmittelpunkts, die Befürchtung, im Viertel sozial blockiert« zu sein, und die »Kontamination von unten« sind schließlich die Gründe, die die bereits vorhandenen rechten Einstellungen weiter nach rechts verschoben haben (Cartier u. a. 2008: 274). Wie bereits am Ende des vorherigen Kapitels angedeutet, trifft dieses Gefühlsgemenge genau auf die aktiven Altersgruppen zwischen 35 und 49 Jahre zu, die überdurchschnittlich FN wählen. Es ist sicher nicht verkehrt, diese Vorstädter in Anlehnung an Marxens »Parzellenbauern« als »Parzellenstädter« zu bezeichnen. Auch hier erkennt man eine Gruppe kleiner Eigentümer, die den sozialen Aufstieg zum Eigentum geschafft hat und nun mit großer Angst und Panik jetzt alles beobachten, was sich um sie herum ereignet (Hayot 2011: 44).

Auch das Beispiel von Gonesse sollte noch einmal gezeigt haben, dass eine Stimme für den FN keine Stimme der sozialen Hoffnungslosigkeit, sondern, im Gegenteil, eine der Angst vor dem sozialen Abstieg ist – und Ergebnis einer Krise des positiven Individualismus der Mittelschichten, deren ganze Selbstwahrnehmung darauf beruht, durch persönlichen Erfolg zur Selbstverwirklichung und damit »zu sich selbst« zu gelangen (Pincon/Pincon-Charlot 2007: 103).

5.
Schlussfolgerungen

Wie sich gezeigt hat, ist der Versuch, den Erfolg der radikalisierten Rechten und damit auch den des FN als etwas Unerklärliches und mitunter auch als psychologisches Problem darzustellen, ein Analyseansatz, der empirisch nicht haltbar ist. Auch der Versuch der herrschenden Geschichtswissenschaft, die »konterrevolutionäre Ideengeschichte« verantwortlich zu machen, schlägt fehl. Somit scheint eine Auseinandersetzung mit dem Front National auf Basis eines Nur-Republikanismus, also mit dem Versuch, der Partei und ihren Vertretern Verstöße gegen den liberalen »common sense« zu unterstellen, nicht zielführend. Es gilt vielmehr, den materiellen Kern der Bewegung zu verstehen, wenn sie effektiv bekämpft werden soll. Dazu bedarf es einer klassenpolitischen Analyse, wie es in dieser Arbeit versucht worden ist. Welche wichtigen Punkte zum Verständnis der Ultrarechten beitragen können, müssen also in eine nutzbare Analyse einfließen.

Zuerst einmal handelt es sich bei der Ultrarechten nicht in erster Linie um eine »(originär) konterrevolutionäre« Bewegung. Sie ist vielmehr ein Produkt der Gegnerschaft zur liberalen industriekapitalistischen Gesellschaft. Sie ist ein Bündnis radikalisierter kleiner Eigentümergruppen, die eine ideologische Basis brauchten, um ihre Ablehnung der neuen ökonomischen und sozialen Verhältnisse geltend machen zu können. Wie anders könnte die Blut-und-Boden-Ideologie besser gedeutet werden als ein Versuch, den nationalen Kapitalismus der freien Konkurrenz des 19. Jahrhunderts quasi als natürliche ökonomische Grundbedingung des dauerhaften Funktionierens der französischen Gesellschaft darzustellen.

Doch auch wenn die politischen Aktionen dieses Kleinunternehmertums gegen die Macht der großen Industrie- und Finanzkonzerne waren, richtet sich doch die soziale Abgrenzung immer in erster Linie nach unten. Als Angehörige des Bürgertums teilten sie nicht nur die Idee einer Gesellschaft, die auf einem vermeintlichen Leistungsgedanken beruht: Die Stärksten und Fähigsten würden so an die Spitze der Gesellschaft befördert. Talente, die das Bürgertum der Unterklasse nicht zugestehen wollte. So bediente man sich auf der sozialen Ebene »rassistischer und biologistischer« Erklärungsmuster, um die eigene »genetische« Überlegenheit zu konstruieren, die die Unmöglichkeit der Demokratie rechtfertigen und die eine dauerhafte Subalternität der Arbeiterklasse festschreiben sollten. Nur ein autoritärer Staat konnte die in ihren Augen zwangsläufige Emanzipation der Arbeiterklasse verhindern.

Dass das Kleinbürgertum sich mit der Kirche zusammenschloss, ist deshalb nur konsequent, lieferte diese doch durch ihren inneren hierarchischen Aufbau und ihren ideologischen Antiliberalismus die ideale Blaupause für die radikalen Antirepublikaner. Die Armee mit ihrer Betonung der körperlichen Stärke und ihrer Befehlskette von oben nach unten lieferte schließlich auch für die Laizisten eine Idee von Autorität, auf die man sich beziehen konnte.

Diese Stärke spielte eine umso größere Rolle, je mehr man sich der Konkurrenz der umgebenden Staaten, besonders Deutschlands ausgesetzt sah, das jederzeit wieder das eigene Territorium überfallen konnte, was nur mit einer starken, geeinten Nation zu verhindern sei. Scheint es im ersten Moment so, als wäre die Betonung der Nation ein Zeichen der Stärke, ist dies doch vielmehr ein Ausdruck der Angst. Einer Angst vor dem kollektiven sozialen und ökonomischen Abstieg des Bürgertums durch das freie Spiel der Kräfte des Kapitalismus.

Wie gezeigt wurde, scheuten sich diese französischen Eliten nicht, die Republik in Frage zu stellen, als der Druck von links so groß wurde, dass die eigene Verfügungsgewalt über die Produktionsmittel bedroht schien, und gemeinsame Sache mit der Antirepublikanischen Ultrarechten zu machen. Das gerne benutzte Bild der republikanischen Eliten muss in Frage gestellt werden. Vielmehr bedienten sich

5. SCHLUSSFOLGERUNGEN

die Eliten der kleinbürgerlichen Angst, um sie als psychologisches Moment zur Mobilisierung der Mittelklasse gegen die Linke zu nutzen. Trotzdem führte die Debatte, die ab den 1980er Jahren über den FN und seine politische Ideengeschichte geführt wurde, in eine ganz andere Richtung. Auf einmal wurden die Arbeiter die Hauptverantwortlichen für den Aufstieg der Partei. Sie seien die »proletarische Fraktion«, die nach Zeev Sternhell notwendig sei, um eine tragfähige nationalistische Bewegung zu schaffen, die immer eine »nationalsozialistische Synthese« an der Basis benötige. Der »Populismus« wurde geboren und die Unterklasse gezielt zur »natürlichen« Basis des FN erklärt, um ihre Unfähigkeit zur Demokratie zu beweisen und die antiegalitären Strukturen der bürgerlich-kapitalistischen Gesellschaft zu rechtfertigen.

Wie aber auch nachgewiesen wurde, kann nicht die Rede davon sein, dass die Arbeiterschaft generell nach rechts gerückt sei. Vielmehr schafft es die Linke nicht mehr, ein erfolgreiches Gegenprojekt zum Neoliberalismus zu formulieren, da mit dem Ende der alten Arbeiterkultur die eigene soziale Basis weggebrochen ist. Die Deindustrialisierung der französischen Volkswirtschaft, die mit der Schließung aller Kohleminen, aber auch so gut wie aller Stahlwerke sowie etlicher großer Automobilfabriken einherging, war verbunden mit dem Verlust der kollektiven Identität und damit auch des Klassenbewusstseins (Beaux/Pialoux 2012: 404). Somit bildet die Volksklasse heutzutage keine »sich ihrer selbst bewusste« und solidarische Gruppe mehr, wie es die Großbourgeoisie noch heute ist. In der Arbeiterwelt hat der deutliche Rückgang des Einflusses der Organisationen, die die Klasse mobilisieren können, zu einem »negativen Individualismus« geführt, der wenig Platz für kollektive Aktionen lässt. Diese Schwächung der kollektiven Selbstbestätigung der Klasse trägt zur Abschwächung ihrer tatsächlichen Existenz bei (Pincon/Pincon-Charlot 2007: 104).

Sicherlich ist diese Entwicklung mitverantwortlich für das Anwachsen rechter Einstellungen in Teilen der Arbeiterschaft, wie man in La Riboire sehen kann. Diese durchleben aber meist keine Phase des sozialen Abstiegs. Sie befinden sich auf der gleichen sozialen Stufe wie die Angehörigen der unteren Mittelschicht. Beide Gruppen teilen entscheidende rechte Werte, nämlich die Ablehnung von Solidarität und den Glauben, durch eigenes Engagement und die eigene Stärke sozial voranzukommen. Da sich inzwischen eine Mehrheit der französischen Haushalte den Mittelschichten zugehörig fühlt, dabei aber von Deklassierungsängsten nicht frei ist, erklärt es sich, woher die hohen Stimmenanteile des FN und seines antiegalitären Projektes des »inneren und äußeren Egoismus« stammen. Während sich diese neue Mittelklasse einerseits sozial den »Unterklassen« überlegen fühlen, steht auf der anderen Seite die Angst, den eigenen erreichten Status wieder zu verlieren, wie Cartier und andere in ihrer Studie über die »petit-moyens« gezeigt haben. Diese Angst vor dem sozialen Abstieg führt zur Ablehnung eines jeden Anderen, der als Konkurrent in der Arbeitswelt auftreten könnte. Sei es der Fremde, der Arme, der Arbeitslose oder sogar der Nachbar (Hayot 2011: 45). Diese »petit-moyens« verlangen nach Ausschluss der Konkurrenz, wollen aber an ihrer Vorstellung von einer Gesellschaft der individualistischen, starken Einzelkämpfer festhalten, in der alles Erreichte das Ergebnis des eigenen Talents und der eigenen Kreativität ist. Sie verlangen Schutz vor der übermächtigen Konkurrenz von oben und vor den »Faulen« von unten. Ein national begrenzter liberaler Kapitalismus ist ihr Begehren.

Die oftmals schon rechten Grundeinstellungen der Mittelschichten führen in dieser Krisensituation zu deren weiterer Rechtsentwicklung. Das ist ein Ergebnis der »Re-Individualisierung« des persönlichen Lebensrisikos durch den Neoliberalismus. In dieser Phase kommt das politische Angebot des Front National für diese Milieus gerade recht. Sie stimmen für den FN also nicht aus einer Protesthaltung heraus. Sie tun es, weil sie eine spezifische Vorstellung von der französischen Gesellschaft haben, die vom FN geteilt wird (Hayot 2011: 46). Diese Wahrnehmung der Welt ist also ähnlich derjenigen, die für diese Milieus durch die ganze französische Geschichte hindurch nachweisbar ist. Gleichzeitig führt diese widersprüchliche Zustimmung zum Neoliberalismus zu einer deutlich höheren Mobilisierbarkeit der Mittelschichtsangehörigen bei Wahlen (4 bis 10% in »Les Peupliers«), als sie bei den Bewohnern der benachbarten »sozialen Brennpunkte« anzutreffen ist (Cartier u. a. 2008: 245).

5. SCHLUSSFOLGERUNGEN

Es wäre aber auch zu kurz gegriffen, den Erfolg des FN nur ökonomisch erklären zu wollen. Zwar konzentriert sich dieses Buch auf die Ergründung der Motive der eher urbanen FN-Wähler. Dass der Front National aber auch in rein ländlich geprägten Regionen hohe Wahlergebnisse erzielt, steht außer Frage. Hier scheint ein interessanter Punkt für weitere Forschungsarbeiten zu liegen. Schließlich lassen sich in allen kerneuropäischen Ländern, die in den letzten Jahren Erfolge demagogischer oder »rechtspopulistischer Parteien« erlebt haben, deutliche Unterschiede zwischen Stadt und Land erkennen. Offensichtlich sind die eher noch wohlgeordneten traditionelleren ländlichen Communities noch viel eher in Panik zu versetzen, wenn es darum geht, Gewalt und Kriminalität der urbanen Zentren zu thematisieren. Außerdem scheint die Offenheit für neue Formen des gesellschaftlichen Zusammenlebens hier viel geringer zu sein. Darauf setzt eine Partei wie der FN, indem er ständig das Alte und Traditionelle als sicheren geistigen Zufluchtsort verkaufen möchte. Wir haben gesehen, dass der Bezug auf die ländliche und bäuerliche Lebensart ohnehin immer der identitätsstiftende Aspekt der französischen Ultrarechten gewesen ist.

Es lässt sich dennoch nicht so ohne weiteres behaupten, dass ein allgemeiner Rechtsruck in der französischen Gesellschaft stattgefunden habe. Dies zeigt sich auch, wenn man den Zahlen des Autorenkollektivs um Patrick Coulon glauben darf, welche am 5. Juli 2013 in einem längeren Beitrag der Tageszeitung »L'Humanité« veröffentlicht wurden. So seien heute 62% der Franzosen gegen Privatisierungen, 64% »kapitalismuskritisch«, 55% wünschten eine »öffentliche Kontrolle« der Volkswirtschaft und 52% wünschten einen größeren Einfluss der Gewerkschaften auf die Politik der Regierung. Daraus schließen die Autoren nicht zu Unrecht, dass der Vormarsch der Rechten noch gestoppt werden kann. Allerdings nur, wenn die Linke die französische Gesellschaft wieder politisiert und die gesellschaftlichen Antagonismen, also die Klassengegensätze, wieder betont werden (Coulon u.a. 2013). Aufgabe muss es also sein, der Arbeiterklasse, in welcher Form sie heute auch immer existieren mag, wieder Klassenbewusstsein zu vermitteln. Nur so wird es der Volksklasse möglich, um ihre Emanzipation zu kämpfen (Schneckenburger 2012: 74).

Die Sozialdemokratie allerdings stärkt lieber diesen Nationalisten den Rücken, um durch die Schaffung einer nationalen Union aller Franzosen über alle politischen Lager hinweg die Wettbewerbsfähigkeit des Landes zu stärken, wie Jean-Luc Mélenchon die Politik Hollandes schon 2013 in einem Artikel für das Magazin »Regard« sehr treffend auf den Punkt brachte (Mélenchon 2013). Allerdings blieb Mélenchon in der Folge selbst nicht frei von nationalen Erklärungsmustern, sie sein politisches Agieren bis in die jüngste Zeit hinein durchzogen. Diese Politik der nationalen Einheit geht nicht nur mit einer Schleifung grundlegender sozialer Rechte einher, die die Lohnarbeiter wieder der Willkürherrschaft der Unternehmer unterwirft, sie wieder individualisiert und vereinzelt und sie ihre »gemeinsamen sozialen Interessen« vergessen lässt (ganz im Sinne aller Nationalisten) (Schneckenburger 2012: 74). Schlimmer noch, dies gibt denen Recht, die das Miteinander der Völker schon immer als einen »Kampf aller gegen aller« betrachtet haben, dem man nur mit »nationaler Stärke« und »nationalem Egoismus« begegnen könne. Es steht zu befürchten, dass der FN samt seiner ideologischen Traditionslinie Barrès, Maurras und der Anhänger der Neuen Rechten im Dunstkreis von Marine Le Pen mittelfristig von dieser Entwicklung noch mehr profitieren könnte, als er es ohnehin schon tut.

Doch die Schaffung neuer Kollektive, die sich der Thematisierung der wirklichen gesellschaftlichen Brüche, die sozialer und nicht ethnischer Natur sind, ist schwer zu bewerkstelligen, wenn die Idee eines – wenn auch nicht faschistischen – »nationalen Zusammengehörigkeitsgefühls« auch Teile der Linken durchzieht. Denn wenn gemeinsame »Wurzeln«, seien sie kultureller oder ethnischer Art, eine notwendige Grundlage des gesellschaftlichen Zusammengehörigkeitsgefühls sein sollen, wird es auf Dauer schwer sein, materiell interessierte Gruppen zusammenzuführen, die schon aus Eigeninteresse an der Schaffung politischer Alternativen zu den herrschen »Mainstreamparteien« interessiert sein könnten. Denn nur jenseits »philosophischer« und ihrer Nützlichkeit beraubter »Erzählungen« scheint es heute möglich, Menschen in der Auseinandersetzung mit unmittelbaren Problemlagen des eigenen Alltags zusammenzubringen, um die wirklichen Interessengegensätze wieder sichtbar zu machen (Heine 2013).

Dies mag zwar anfangs nur auf eine »Assoziation der Individuen« hinauszulaufen. Denn es ist der Einzelne, dem durch die mangelnde institutionelle Regulation des real existierenden Kapitalismus die versprochene Möglichkeit zur persönlichen Entfaltung vorenthalten wird. Doch persönliche Nähe innerhalb der Initiativen und embryonalen Organisationen lässt festere, solidarischere Strukturen entstehen, die neue Homogenitäten schaffen können, die quer zu den ethnischen oder national konstruierten Gemeinschaften verlaufen, die die Klassengegensätze verschleiern. Transnationale Widerstandsformen würden auch der erwähnten neuen Organisation der bürgerlichen Eliten besser gerecht, die die einst von ihr geformten Nationen längst nicht mehr als ökonomisch und politisch notwendig erachten und supranationale Strukturen gegen die von den nationalen Arbeiterbewegungen erkämpften Sozialstandards in Stellung bringen.

Literatur

Agrikoliansky, Éric/Collovald, Annie (2014): Mobilisations conservatrices: comment les dominants contestent?; in: Politix Nummer 106; Brüssel

Alduy, Cécile/Wahnich, Stéphane (2015): Marine le Pen prise au mot. Décryptage du nouveau discours frontiste; Paris

Amjahad, Anissa/Jadot, Clément (2012): Le modèle organisationnel du Front National; in: Delwitt, Pascal (2012): Le Front national. Mutations de l'extrême droite française; Brüssel

Balent, Magali (2008): Le Front National et le monde – Le discours du FN sous la présidence de Jean-Marie Le Pen; Saarbrücken

Balent, Magali (2012): Le Monde selon Marine – La Politique internationale du Front National entre rupture et continuité; Paris

Beaud, Stéphane/Pialoux, Michel (2012): Retour sur la conditions ouvrière – Enquête aux usines Peugeot de Sochaux-Montbéliard; La Découverte; Paris

Bernier, Aurélien (2014): La gauche radicale et ses tabous – pourquoi le Front de gauche échoue face au Front national; Paris

Bernstein, Serge (1983): Le Parti Radical – Socialiste, De la defense du peuple a celles des classes moyennes; in: Lavau, Georges/Grunberg, Gérard/Mayer, Nonna (1983): L'univers politique des classes moyennes; Presses De la Fondation Nationale Des Sciences Politiques; Paris

Berrouyer, Olivier (2012): Analyse du 1er tour de L'élection présidentielle; www.les-crises.fr/presidentielle-2012-1t-2

Bihr, Alain (1998): Le Spectre de L'Extrême Droite. Les français dans le mirroir du Front National; Paris

Birnbaum, Pierre (1993): »La France aux Français«: histoire des haines nationalistes; Paris

Boltanski, Luc/Esquerre, Arnaud (2014): Vers L'extrême – extension des domaines de la droite; Bellevaux

Bosc, Serge (2008): Sociologie des classes moyennes; Paris

Bourseiller, Christophe (1991): Extrême droite: L'enquête; Paris

Bouthier, Baptiste (2015): Les résultats de dimanche appliqués aux régionales, ça donnerait quoi?, 24.3.2015; www.liberation.fr

Bouvet, Laurent (2015): L'Insécurité culturelle; Paris

Braconnier, Céline (2009): Les Logiques de la participation électorale dans les quartiers populaires; in: Durand, Olivier (2009): À quoi bon aller voter aujourd'hui; Paris

LITERATUR 139

Braconnier, Céline/Mayer, Nonna (2015): Écouter ceux qu'on n'entend plus; in: Braconnier, Céline/Mayer, Nonna (Hrsg.): Les inaudibles – Sociologie politique des précaires; Paris

Bréchon, Pierre (2012a): Les ouvriers sont-ils plus autoritaires et plus xénophobes que les autres groupes sociaux; in: De Waele, Jean-Michel/Viera, Mathieu (Hrsg.): Une drotisation de la classe ouvrière en Europe?; Paris

Bréchon, Pierre (2012b): La droite à l'epreuve du Front national; in: Delwitt, Pascal (2012): Le Front national. Mutations de L'extrême droite française; Brüssel

Bresson, Gilles/Lionet, Christian (1994): Le Pen; Paris

Camus, Jean-Yves (1998): Front National. Eine Gefahr für die französische Demokratie?; Bonn

Cartier, Marie/Coutant, Isabelle/Masclet, Olivier/Syblot, Jasmine (2008): La France des »petits-moyens« – enquête sur la banlieue pavillionaire; Paris

Capdevielles, Jacques (1986): Le Fétichisme Du Patrimoine; Paris

Chapelle, Sophie (2012): Pourqoui Marine Le Pen et le FN se moquent des ouvriers; www.bastamag.net/article2320.html

Chebdel d'Appollonia, Ariane (1988): L'Extrême-Droite en France – De Maurras à Le Pen; Brüssel

Christofferson, Michael (2009): Les intellectuels contre la gauche; Marseille

Collovald, Annie (2004): Le »Populisme du FN« – un dangereux contresens; Bellecombe-en-Bauges

Collovald, Annie (2015): Le »populisme« du FN: Retour sur une invention médiatique; in: Mediacritique(s) Nummer 14/Januar–März 2015

Coulon, Patrick/Gebuhrer, Olivier/Gindin, Claude/Laurent, Michel/Mayer, Sylvie/Quashie-Vauclin, Guillaume/Vermeersch, Alain (2013): De quoi la gauche devrait-elle être le nom; L'Humanité 5. Juli 2013; www.humanite.fr

Crépon, Sylvain (2010): Le Tournant anti-capitaliste du Front National. Retour sur un renouveau idélogique des années 1990; Fragements sur les temps présents; http://tempspresents.com

Crépon, Sylvain (2012): Enquête au coeur du Front National; Paris

Davies, Peter (1999): The National Front in France – Ideology, discourse and power; New York

Davis, Peter (2002): The Extreme Right in France, 1789 to the present – From de Maistre to Le Pen; New York

de Gaulejac, Vincent (2013): De L'éclatement des classes sociales à la lutte des places; http://projet.pcf.fr/3847

Delwitt, Pascal (2012 a): Les étapes du Front National (1972–2011); in: Delwitt, Pascal (2012): Le Front national. Mutations de L'extrême droite française; Brüssel

Delwitt, Pascal (2012b): Le Front National et les élections; in: Delwitt, Pascal (2012): Le Front national. Mutations de L'extrême droite française; Brüssel

Dézé, Alexandre (2012): Le Front National à la conquête du pouvoir? Armand Colin; Paris

Dézé, Alexandre (2015): Le »nouveau« Front National en question; Fondation Jean Jaurès; www.jean-jaures.org

Dion, Jack (2015): Comment L'oligarchie a pris la société en otage; Paris

Demier, Francis (1983): Libéralisme à la francaise et synthese républicaine; in: La-

vaux, George/Grunberg, Gérard/Mayer, Nonna (1983): L'univers des classes moyennes; Paris
Dubet, François (2014): La préférence pour L'inégalité. Comprendre la crise des solidarités; Paris
Fassin, Éric (2014): Gauche: L'avenir d'une désillusion; Paris
Fourquet, Jérome (2012): L'évolution de la géographie du vote entre 2007 et 2012; www.cevipof.com/fr/2012/resultas/evolutiongeographie
Fourquet, Jerôme/Lebourg, Nicolas/Machternach, Sylvain (2014): Perpignan, un ville avant le Front national?; www.jean-jaures.org
Fondapol (2014): L'antisémitisme dans l'opinion publique française. Nouveaux éclairages; www.fondapol.org (PDF)
Front National (2011): Le Projet de Marine Le Pen; www.frontnational.com
Fulla, Matthieu (2012): le programmes commun de gouvernment: rupture économique ou artecfact politique?; in: Tartakowski, Danielle/Bergounioux (2012): L'union sans unité – le programme commun de la gauche 1963–1978; Rennes
Fuchs, Nathalie/Mayer, Nonna (2015): Un monde peu solidaire; in: Braconnier, Céline/Mayer, Nonna (Hrsg.): Les inaudibles – Sociologie politique des précaires; Paris
Gaillard, Jeanne (1983): La petite entreprise entre la droite et la gauche; in: Lavaux, George/Grunberg, Gérard/Mayer, Nonna (1983): L'univers des classes moyennes; Presses De la Fondation des Sciences Politiques; Paris
Garrigues, Jean (2012): Le boulangisme comme mouvement social, ou les ambiguités d'un social-populisme; in: Pigenet, Michel/Tartakowski, Danielle (2012): Histoire des mouvements sociaux en france – de 1814 a nos jours; Paris
Gaxie, Daniel (2006): Des Penchants vers les ultras-droites; in: Collovald, Annie/Gaiti, Brigitte (2006): La démocratie aux extremes. Sur la radicalisation politique; Paris
Gautier, Elisabeth (2004): »Front National«, flexibler Kapitalismus und Krise der Politik; in: Bischoff, Joachim/Dörre, Klaus/Gautier, Elisabeth u.a.: Moderner Rechtspopulismus – Ursachen, Wirkungen, Gegenstrategien; Hamburg
Gautier, Jean-Paul (2009): Les extrêmes droites en France. De la traversée du désert à l'ascension du Front national (1945–2008); Paris
Girard, Violaine (2012): »Explaining the periurbain right-wing vote: »social frustrations« of low income households or the reshaping of the working classes?; www.metropolitiques.eu
Girard, Violaine (2013): Sur la politisation des classes populaires périurbaines – Trajectoires de promotion, recompositions des appartenances sociales et distance(s) vis-à-vis de la gauche; in: Politix Nummer 101; Brüssel
Gilbert, Pierre (2013): Devenir propriétaire en cité HLM – Petites promotions résidentielles et évolution des styles de vies dans un quartier populaire en rénovation; in: Politix Nummer 101; Brüssel
Goodliffe, Gabriel (2012): The resourgence of the radical right – From Boulangisme to the Front National; New York
Gougou, Florent (2007): Les mutations du vote ouvrier sous la Ve république; www.gabrielperi.fr
Gougou, Florent (2012): La droitisation du vote des ouvriers en France – Désalignement, réalignement et renouvellement des générations; in: De Waele, Jean-

Michel/Viera, Mathieu (Hrsg.): Une droitisation de la classe ouvrière en Europe?; Paris

Guilhot, Nicolas (2006): Les néoconservateurs: Sociologie d'une contre-révolution; in: Collovald, Annie/Gaiti, Brigitte (2006): La démocratie aux extremes. Sur la radicalisation politique; Paris

Guilluy, Christophe (2014): La France périphérique – Comment on a sacrifié les classes populaires; Paris

Hayot, Alain (2011): Combattre le Front National de Marine Le Pen; http://lem.pcf.fr/sites/default/files/lem_broch2_fn_rvb_web-last.pdf

Hayot, Alain (2014): Face au FN. La contre offensive; Paris

Heine, Sophie (2013): Pour un indivdualisme de Gauche; Paris

Hirschmann, Albert O. (1992): Denken gegen die Zukunft. Die Rhetorik der Reaktion; München

Huelin, Jean-Phillipe (2013): Où en est le vote ouvrier; Fondation Jean-Jaurès; www.jean-jaures.org

Hincker, Louis (2012): Figures et inconnues (1848); in: Pigenet, Michel/Tartakowski, Danielle (2012): Histoire des mouvements sociaux en france – De 1814 a nos jours; Paris

Ignazi, Piero (2012): Les Front National et les autres. Influence et évolutions; in: Delwitt, Pascal (2012): Le Front national. Mutation de l'extrême droite française; Brüssel

INSEE (2014): Le positionnement sur l'échelle des niveaux de vie; www.insee.fr

Ivaldi, Gilles (2012): Permanences et évolutions de l'idéologie frontiste; in: Delwitt, Pascal (2012): Le Front national. Mutation de l'extrême droite française; Brüssel

Jackson, Julian (1988): The popular front in France – Defending democracy; New York

Lalouette, Jacqueline (2012): Enjeux et formes de la mobilisation catholique aux XXe siècle: manifestations et meetings (1906–1984); in: Pigenet, Michel/Tartakowski, Danielle (2012): Histoire des mouvements sociaux en france – De 1814 a nos jours; Paris

Lambert, Anne (2015): »Tous propriétaires ! L'envers du décor pavillionaire«; Paris

Laurens, Sylvain (2014): Le Club de l'horloge et la haute administration: promouvoir l'hostilité a L'immigration dans l'entre-soi mondain; in: Agone, Nummer 54; Marseille

Lebourg, Nicolas (2008): »Ni droite, ni gauche: en avant! en quête d'une Troisième voie«, 15.11.2008; http://tempspresents.com

Lebourg, Nicolas/Beauregard, Joseph (2012): Dans l'ombre des Le Pen. Une histoire des numéros 2 du FN; Paris

Lecoeur, Erwan (2003): Un néo-populisme à la française. Trente ans de Front National; La Découverte; Paris

Le Bohec, Jacques (2005): Sociologie du phénomène Le Pen; La Découverte; Paris

Le Bras, Hervé (2015a): »Qui dit hausse des inégalités, dit hausse du vote FN«, 22.3.2015; http://tempsreel.nouvelobs.com

Le Bras, Hervé (2015b:) »Périphérie«, vous avez dit »périphérie«?, 25.3.2015; www.liberation.fr

Lefebvre, Rémy/Sawicki, Frédérik (2007): Défaite de la gauche: le 21 avril 2002 n'etait pas un accident; in: Savoir/Agir 1/2007

Le Gallou, Jean-Yves (1985): La Préference Nationale; Paris

Lehingue, Patrick (2011): Le vote. Approches sociologiques de L'institution et des comportements électoraux; Paris

Le Monde (2015a): Le Pen: Un assassinat orchestré par sa propre fille n'est jamais réjouissant, 20.8.2015; www.lemonde.fr

Le Monde (2015b): FN: l'échec de l'opération Le Pen, 22.8.2015; www.lemonde.fr

Le Pen, Marine (2012): Pour que vive la France

Le Pollotec, Yann (2011): Quelle place pour les ouvriers dans un projet de gauche?; http://projet.pcf.fr/12623

Marcus, Jonathan (1995): The National Front and French Politics: The Restistible Rise of Jean-Marie Le Pen; London

Magnin, Blaise (2011): Les urnes et les peuple, 9/2011; www.monde-diplomatique.fr

Mayer, Nonna (2012): L'electorat du Front National a-t-il changé?; in: Delwitt, Pascal (2012): Le Front national. Mutation de l'extrême droite française; Brüssel

Mayer, Nonna (2015): Des votes presque comme les autres; in: Braconnier, Céline/ Mayer, Nonna (Hrsg.): Les inaudibles – Sociologie politique des précaires; Paris

Mégret, Bruno (1986): L'impérativ du renouveau; Paris

Mégret, Bruno (1990): La Flamme. Les voies de la renaissance; Paris

Mélenchon, Jean-Luc (2013): Internationale socialiste, la dernière estocade; www.regards.fr

Mélenchon, Jean-Luc (2014): L'ère du peuple; Paris

Michelat, Guy/Simon, Michel (2004): Les ouvriers et la politique. Permanences, ruptures, réalignements (1962–2002); Paris

Michelat, Guy/Simon, Michel (2012): Le vote des ouvriers, de l'alignement à gauche à une »droitisation«?; www.cevipof.com (pdf)

Mischi, Julian (2010): Servir la classe ouvrière. Sociabilités militantes au PCF; Rennes

Mischi, Julian (2013): Ouvriers ruraux, pouvoir local & conflicts de classes; in: Agone, Nummer 51; Marseille

Monnot, Caroline/Mestre, Abel (2011): Le système Le Pen. Enquête sur les réseaux du Front national; Paris

Monzat, René (1992): Enquêtes sur la droite extrême; Paris

Noiriel, Gérard (2002): les ouvriers dans la société francaise; Paris

Noiriel, Gérard (2015): Qu'est-ce qu'une nation?; Montrouge

Passmore, Kevin (2013): The right in France from the Third Republic to Vichy; Oxford

Perrineau, Pascal (1997): Le Symptome Le Pen – Radiographie des électeurs du Front National; Paris

Perrineau, Pascal (2012): La forte dynamique de Marine Le Pen; Le Figaro, 24. April 2012; www.cevipof.fr (pdf)

Perrineau, Pascal (2013): L'Électorat de Marine Le Pen. Ni tout à fait le même, ni tout à fait un autre; in: Perrineau, Pascal (Hrsg.): Le vote normal. Les élections présidentielle et législatives d'avril-mai-juin 2012; Paris

Pinçon, Michel/Pinçon-Charlot, Monique (2007): Sociologie de la bourgeoisie; Paris

Plenel, Edwy/Rollat, Alain (1992): La République menacée. Dix ans d'effet Le Pen; Paris

Prochasson, Christophe (1993): Les Années 1880: Au temps du boulangisme; in: Winock, Michel (1993): Histoire De L'extrême droite en France; Paris

Proust, Sarah (2013): Le Front national: Le hussard brun contre la république

Rabier, Marion (2015): Sous la bonnet, la classe: retour sur le mouvement des Bonnet rouges; in: Agone, Nummer 56; Marseille

Rey, Henry (2004): La gauche et les classes populaire. Histoire et actualité d'une mésentente; Paris

Rivière, Jean (2013): Des ploucs de droite aux pavillionaires lépeniste. Sur la construction médiatiques du vote des ruraux; in: Agone, Nummer 51; Marseille

Robert, Jean-Louis (2012): La nation à L'epreuve du social; in: Pigenet, Michel / Tartakowski, Danielle (2012): Histoire des mouvements sociaux en France – De 1814 a nos jours; Paris

Ruffin, François (2014): »Pauvres Actionnaires!« – Quarante ans de discours économique du Front national passés au crible; Amiens

Schmid, Bernhard (1998): Die Rechten in Frankreich. Von der Französischen Revolution zum Front National; Berlin

Schneckenburger, Benoit (2012): Populisme – le fantasme des élites; Paris

Soucy, Robert (1972): Fascism in France. The case of Maurice Barrès; Berkeley

Soucy, Robert (1986): French Fascism. The first wave, 1924–1933; New Haven

Soucy, Robert (1995): French Fascism. The second wave 1933–1939; New Haven

Steinmetz, Hélène (2013): La chalandonnettes. La production par le haut d'une accession bas de gamme; in: Politix 101; Brüssel

Sternhell, Zeev (1997): La droite révolutionaire. Les origines francaise du fascisme 1885–1914; Paris

Sternhell, Zeev (1987): Ni droite, ni gauche. L'ideologie fasciste en France; Paris

Taboteau, Bernard (2011): Recul et avenir du PCF. La diaspora communiste s'exprime; Paris

Tristan, Anne / Mozart, René (2004): Petit manuel de combat contre le Front National; Paris

Tristram, Frédéric (2012): Combat d'arrière – garde ou mouvement social précurseur?; in: Pigenet, Michel / Tartakowski, Danielle (2012): Histoire des mouvements sociaux en France – De 1814 a nos jours; Paris

Winock, Michel (1993a) : Introduction; in: Winock, Michel (1993): Histoire De L'extrême droite en France; Paris

Winock, Michel (1993b): L'Action Francaise; in: Winock, Michel (1993): Histoire De L'extrême droite en France; Paris

Winock, Michel (1998): Nationalism, Anti-Semitism and Fascism in France; Stanford

Vigilance et Initiatives Syndicales Antifascistes (VISA) (2011): Le FN, le pire ennemi des salarié-e-s; www.wobook.com

VERLAGSANZEIGE

Peter Bathke /
Anke Hoffstadt (Hg.)

DIE NEUEN RECHTEN IN EUROPA
Zwischen Neoliberalismus und Rassismus

Paperback | 362 Seiten
ISBN 978-3-89438-507-1
€ 18,00 [D]

In Europa hat sich ein kontinuierlicher Aufschwung rechtspopulistischer Parteien vollzogen. Woraus erklärt er sich? Handelt es sich dabei um eine vorübergehende Folge der europäischen Finanz- und Wirtschaftskrise? Oder sind es die neoliberalen Rahmenbedingungen, die der extremen Rechten die ›Globalisierungsverliererinnen‹ in die Arme treiben? Wie kann das Erstarken der neuen Rechten in Europa umgekehrt werden? Welche Bündnisse gegen Rechts sind möglich? Gibt es hierfür Erfahrungen, die sich verallgemeinern ließen? Und nicht zuletzt: Welche Projekte weisen über den Neoliberalismus hinaus und können Rechtspopulismus und extremer Rechter den Boden entziehen?

Diesen Fragen stellen sich Christoph Butterwegge, Alexander Häusler, Claudia Haydt, Andrej Hunko, Christina Kaindl, Helmut Kellershohn, Kerstin Köditz, Karin Priester, Herbert Schui, Fabian Virchow, Thomas Wagner, Alban Werner, Gerd Wiegel, Florian Wilde, Koray Yılmaz-Günay, Maike Zimmermann u. a.

PapyRossa Verlag
Luxemburger Str. 202 – 50937 Köln – Tel. (02 21) 44 85 45
mail@papyrossa.de – www.papyrossa.de